多文化共生時代のコミュニケーション力

札幌大学教授・日本交渉学会副会長
御手洗昭治
Shoji Mitarai

The Age of Multicultural Communication Power

ゆまに書房

まえがき

「人は誰も、一人でゲームはできない」という諺がある。これは、人は独りではグローバルな活動や活躍はできないということであろう。世界、すなわち他の多くの文化とかかわりを持つには仲間がいる。そのためには、多文化間とのヒューマン・コミュニケーションの使い分けが必要になってくる。現代は、グローバル化の時代と言われている。モノやカネ（金融）と共に、ヒトが国境を越えて移動する「ディアスポラ時代」でもある。例えば二〇〇三年に、外国（多文化）に出国した日本人は一六五二万人である。また、反対に日本に観光はじめ出稼ぎや留学目的で入国した外国人は、五七七万人に達している。一般の日本の人々がアジアを含む外国に旅をしたり、滞在する機会が増えるとともに、日本に滞在する多文化からの外国の人々もわれわれの身近でよく見うけられるようになった。

しかしながら、ヒトのグローバル化が拡大しても、互いの文化の多様性や価値観や物の考え方を互いに認識し、そしてコミュニケーションというツールを通して理解する心的レベルのグローバル化となると、まだまだ不十分である。

そこで、二〇〇三年一一月一五日に経済産業省は、時代を見据えてか、将来「多文化共生庁」を設ける構想を発表した。なぜ国をあげての多文化共生庁、またそれに関連する庁が必要なのであろうか？　理由は簡単である。

それは、多くの日本の人々が異なる文化バックグラウンドを持つ人々と現実の日常生活で共に生活することがあたり前になってきたことにある。厚生労働省の予測では、日本では二〇五〇年までに一七〇〇万人のマルチ・カルチャーの背景を持つ移民を受け入れる国になる。しかし、それを実行するには、それなりのリスクが伴うことであり、それなりの覚悟も必要である。その結果、経済産業省も日本の社会が多様な文化をこれまで以上に受け入れ、「多文化共生社会」になることを認識し始めたからである。文化の「共生」(coexistence) とは、「和して同ぜず」の意味合いが強く、ミルクココアやカフェオレイのように、すっかり交じり合って、新しい文化が混じ合って花を咲かすという「クレオール化」とは違う。

多文化共生社会では、それぞれの文化や民族に属する人々が、お互いのアイデンティティ(自己の存在性)を自覚し、尊重するところから、寛容さや相互理解が生まれ、共生・共存が可能になる。国籍や文化バックグランドの違う人たちと協力し、仕事を組み立てていく人材が必要である。言い換えれば、お互いが共に理解するという「共感の哲学」、すなわち「エンパシー」(empathy) を培うことが必要である。

本書は、われわれが新たに突入した「多文化共生・共存時代」を見据えながら、書き下ろされたものである。二一世紀のグローバル化は、一九九五年のプラザ合意の頃から現実のものとなった。グローバリゼーションが進む中、異文化に対して自文化が持つ文化差をこれまで以上に意識せざる得ない状況が、世界中の政治はむろん、教育、ビジネス、国際協力事業や活動その他の面で発生している。

異文化や多文化間において言語・非言語コミュニケーションの知識や能力、そしてスキルを身につけ国際感覚を磨くことは、二一世紀を生きるビジネス関係者、教育関係者、政治家にとっても必須条件の一つとなっている。しかし、日本では、諸外国と付き合う時に、コミュニケーションで分ってもらうためのノウハウが確立しないようだ。

これまで、異文化間コミュニケーションの多くの書物では、ある人が自分とは異なる文化のバックグラウンドを持っている人と遭遇したり接触した際、そこに生じる誤解や摩擦、ぶつかり合いをいかに軽減すればよいのか、または、異文化とコミュニケーションといった単独の領域について書かれたものが多いように思える。二一世紀のグローバル時代の中でいかに個人とグループ集団、ビジネス組織、国家が文化の相違に対処し、そしてその相違を認めた上で、それらを乗り越えていくための紛争解決法、または能力開発とコアスキルを身につけ、いかにすれば多文化間との効果的なコミュニケーションが培われるのかについて統合的に書かれた文献は皆無に等しい。

そこで、本書では、以上のことも念頭に置き、以下の内容で構成してみることとした。

まず第一章では、(1)「文化とは何か?」と、われわれのコミュニケーション・パターンに影響を与える「文化の八大要素とは何か」を探ってみる。また、「自己文化や異文化にみる心理の解読法」と「自己啓発のコミュニケーション能力開発表」などを紹介する。

第二章では、国際派コミュニケーターの条件として、(2)多文化共生社会のキーワードである「コラボレーション」とは何か、(3)多文化共生社会の世界の中で求められる人材育成に必要な「多文化共生型コミュニケーターの条件」について述べてみる。次に、(4)異文化・多文化との効率のよい対人コミュニケーションとは何か、(5)異文化をつなぐツールや要素、コアスキルであるコーチングやミディエーション(紛争調停)、ネゴシエーションを含む「多文化対人コミュニケーション・シナジー力」を培う一四項目の解説に多くのページを割いてみたい。また、日産のカルロス・ゴーン氏を多文化の障害を乗り越えた「マルチ・カルチャー型コミュニケーター」の一例として解説することとした。

第三章では、「国際理解」と「異文化理解」、それに「国際理解にどう取り組めばよいのか?」、ハーバード大学の歴史学者で駐日米国大使も務め、異文化間のミディエーター（紛争解決型調停者）として活躍した「エドウィン・O・ライシャワー博士の説く異文化教育」などについても触れてみることとした。

そして、第四章では、(1)「多文化共生型コミュニケーター」が文化をまたいだ行動や仕事やビジネスを行う上で無視できない世界の流れである「グローバリゼーション」について、わかりやすく解説することにした。そのために、目線を日常生活に合わせ「ふだん着のグローバリゼーション」と題して紹介してみたい。それに加えて、(2)国境や文化を越えた「危機管理」としての「多文化共生型コミュニケーター」のあり方、それに異文化紛争予防対策についても触れてみることとした。

なお、最後の五章では、読者からの要望もあり、『異文化にみる非言語コミュニケーション』（ゆまに書房）の中から第二章と「コミュニケーションのキーワード」を付け加えることとした。

本書が世代を問わず多くの読者にとって、今後国境を越えた多文化共生・共存時代の文化間との付き合い方、接し方、すなわち対人コミュニケーションの能力開発と国際感覚を磨く上で、また「危機管理」の理論・実践読本として、いささかながらヒントになり役に立てば、これに勝る喜びはない。

多文化共生時代のコミュニケーション力

目次

装釘　寺山祐策

第一章　世界文化とコミュニケーション

異文化コミュニケーションのこれからの意義

CHAPTER 1

The Age of Multicultural Communication Power

文化の八大要素――文化の行動パターン解読法

多文化共生社会のキーワードである「コラボレーション」について述べる前に、文化とは何か？特に後で取り扱うが、われわれの対人コミュニケーション・スタイルに影響を与える「文化の八大要素」について触れてみよう。

異なる文化間のコミュニケーションは、いつの時代でも容易ではない。語学は重要であるが、言葉ができれば相互の意思疎通（コミュニケーション）が可能というわけではない。

福沢諭吉は、「外国の人にとっては、常識で辞典にも載っていないことが、最も理解が困難である」と指摘したことがある。

諭吉が言うように、異文化を複眼的に解読することは容易なことではない。なぜならば、ほとんどの人が他の文化や人々の行動パターンや思考パターンを一つの視点でしか観《み》ていないか、またはまったく観ていないからである。

われわれの日常の行動パターンや思考パターンは、自分たちの生まれ育った文化の要素に「無意識」の内に影響されている。言い換えれば、われわれの普段のコミュニケーションやネゴシエーションを行う際の振る舞い方、相手に対する接し方、付き合い方、話し方などの行動様式やスタイルも、個人差こそあれ、自分が幼い時から知らず知らずの内に身につけ、学び育った自己の文化の生活環境に、無意識の内に強く影響されているものである。しかし、われわれは、普段はほとんどそれについては気づいていない。（魚が水の中にいることに気づいていないのと同じことである。また、「文化とは空気のようなもの」という喩《たと》えもある。）

図　文化＝コミュニケーションの「氷山一角理論」

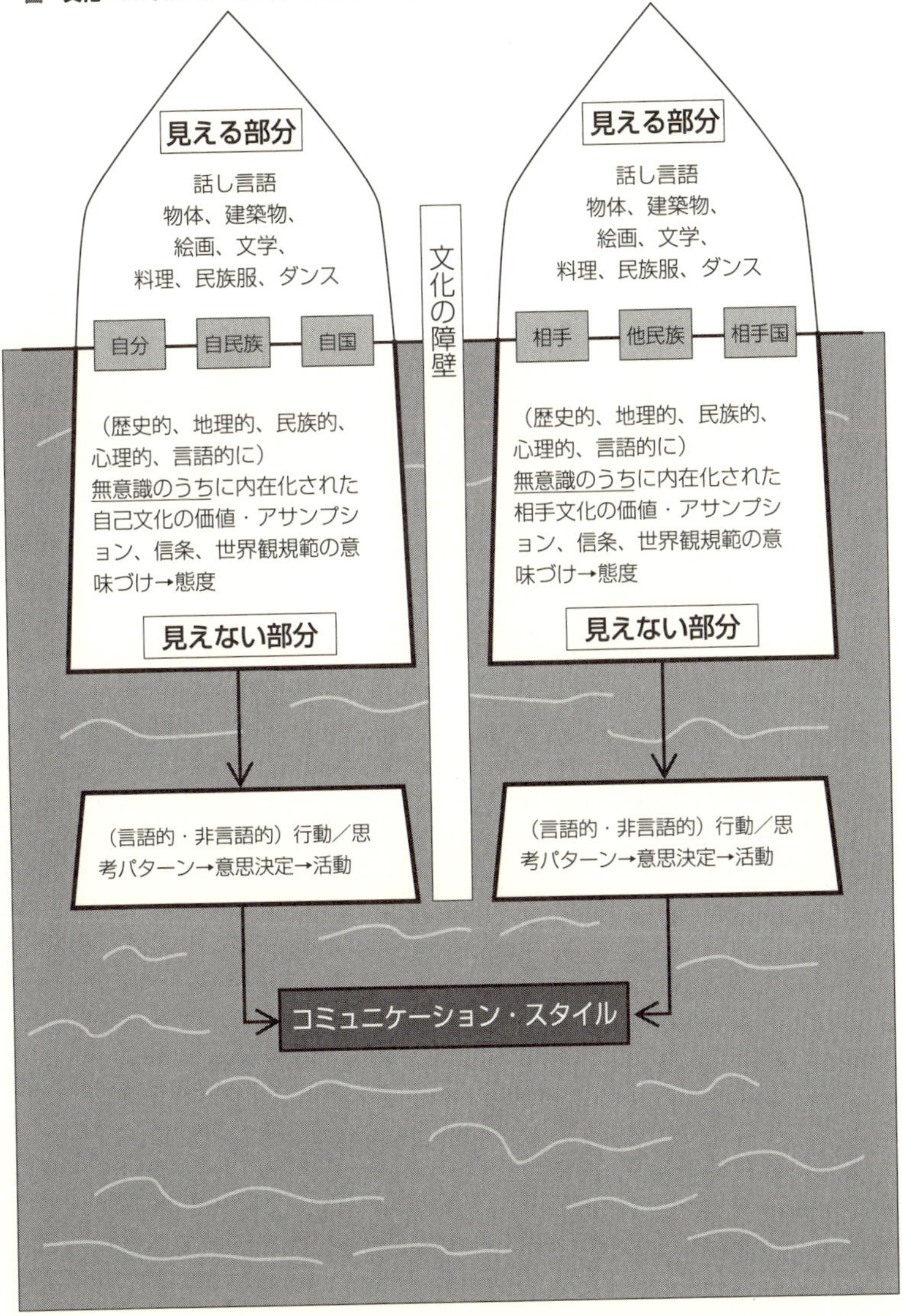

例えば、日本人が文化のバックグラウンドの異なる人々とコミュニケーションをしたり、交渉を行う際、相手とうまく対応できず誤解され、それが、摩擦や軋轢《あつれき》につながり、ひいては国際紛争の要因にもなりうると思われる行動パターンには、次の八つがある。

（1）パーセプション（物の見方、とらえ方）、（2）文化価値とアサンプション（思い込みや前提条件）、（3）信条、（4）九項目の世界観、（5）思考パターン、（6）レトリック、（7）弁明スタイル、（8）ネゲーションのロジックなどである。

これらについてはすでに、拙著の『新国際人論――トランス・カルチュラル・ミディエーター時代への挑戦』で述べたことがある。

したがって、以下では、それらの概略のみを述べてみたい。なお、これらの八つの要素は、それぞれ別個のように思われがちであるが、相互作用し影響し合い、異文化間の対人コミュニケーションや交渉のプロセスに「見えない次元」で重要な影響を与えるのである。また、これらについては、コミュニケーションを行っている当事者（当事者達）は、気づいてはいない（out of awareness）場合のほうが多いことも強調しておきたい。

以下では、（1）パーセプション（物の見方、とらえ方）、（2）文化価値とアサンプション、それに、（3）信条それに「世界観」のうち、一項目のみ取り扱うことにする。

なお、「世界観」、ひいては「宇宙観」とは、人間と自然・宇宙との関係、それに文化のコンセプト、自己のコンセプト、時と空間、言語と文化の背後にある基本的な物の考え方、とらえ方などの心構えである「態度」（attitude）のことである。

図　文化の世界観を知る表

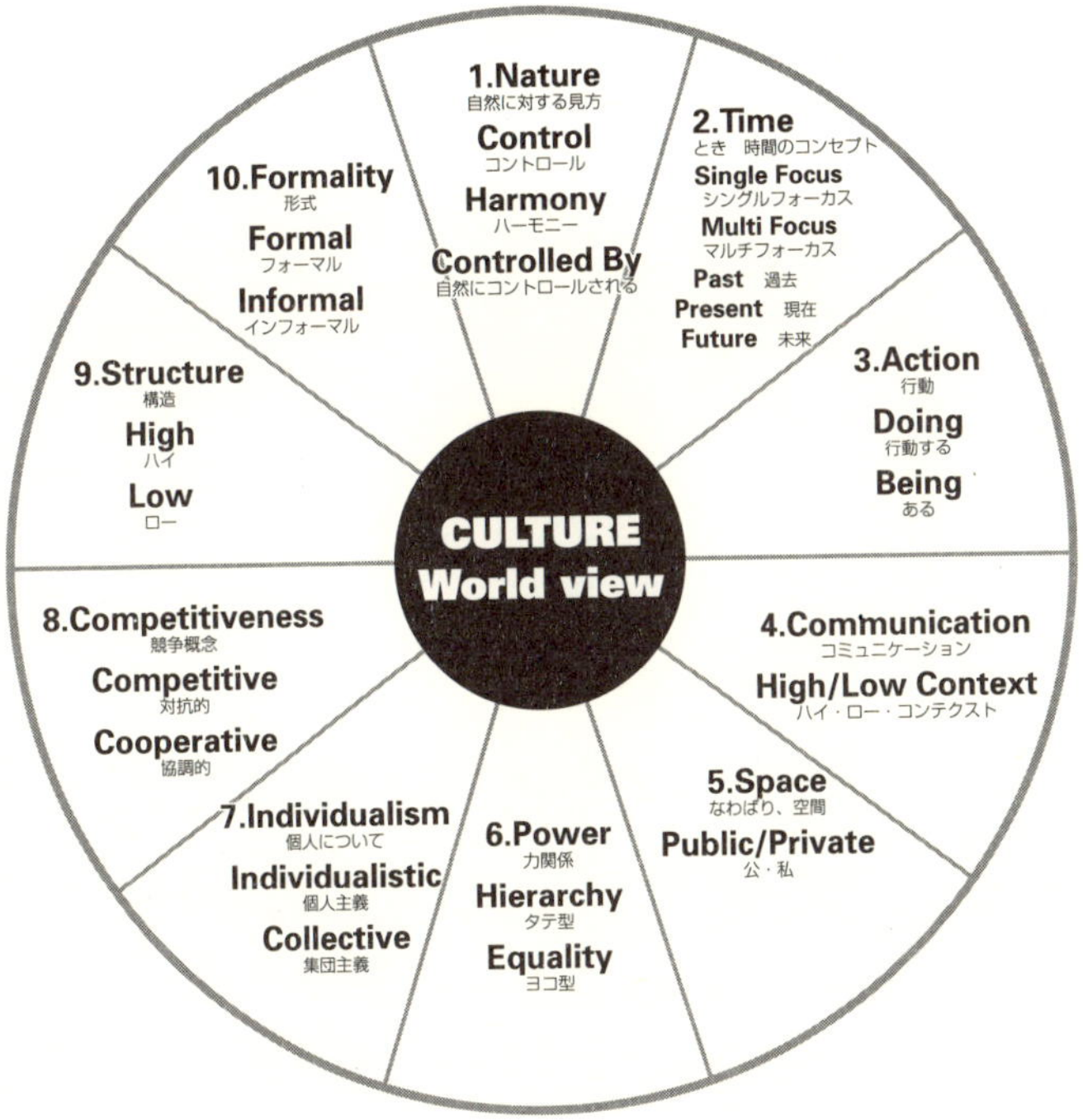

日本交渉学会研究会資料J.ワシレウスキーを参照し作成

お断りしておくが、「世界観」については次の一〇の項目がある。

（1）「人間」対「自然」の関係をどうとらえるのか（2）組織における自己のアイデンティティ（自己の存在理由）、（3）社会における個人と対人関係の見方、（4）デモクラシーと民主主義、（5）ライツと権利、（6）妥協に対する見方ととらえ方、（7）時・呼吸・沈黙・サイクルに対するコンセプト、（8）文化間の意思決定法、（9）人間行動・活動の見方と、とらえ方（10）文化における家族関係と対人コミュニケーション――行動パターンと思考パターン、レトリックのスタイル、弁明に対するスタイル、それにロジックなどである。

パーセプション（物の見方、とらえ方）

仏教の禅の教えに「不見不聞《ふけんふもん》」という表現がある。それは、「見るはたらきの根本には、それを見ることができない。知るはたらきの根本とは、それを対象的に知ることができないところがある」という意味である、パーセプション（知覚）とは、言い換えれば、「物のとらえ方（認知力）と解釈のしかた」のことである。そして、人が物事を「見」、「分類」し、「解釈」する時、文化が大きな影響を与えるのである。世界的に有名なジャーナリストであるウォルター・リップマンは著書『世論』の中で"We tend to perceive that which we have picked out in the form of stereotyped for us by the culture."と述べている。

人は自分の文化圏で身についた尺度や基準で、見慣れたり、興味のある対象物に対しては、「目」をやり、見慣れない興味のない対象物に対しては「無視」するという「選択」を知らず知らずのうち

図　日・英・米の会社のパーセプションの違い

取締役と役員の関係

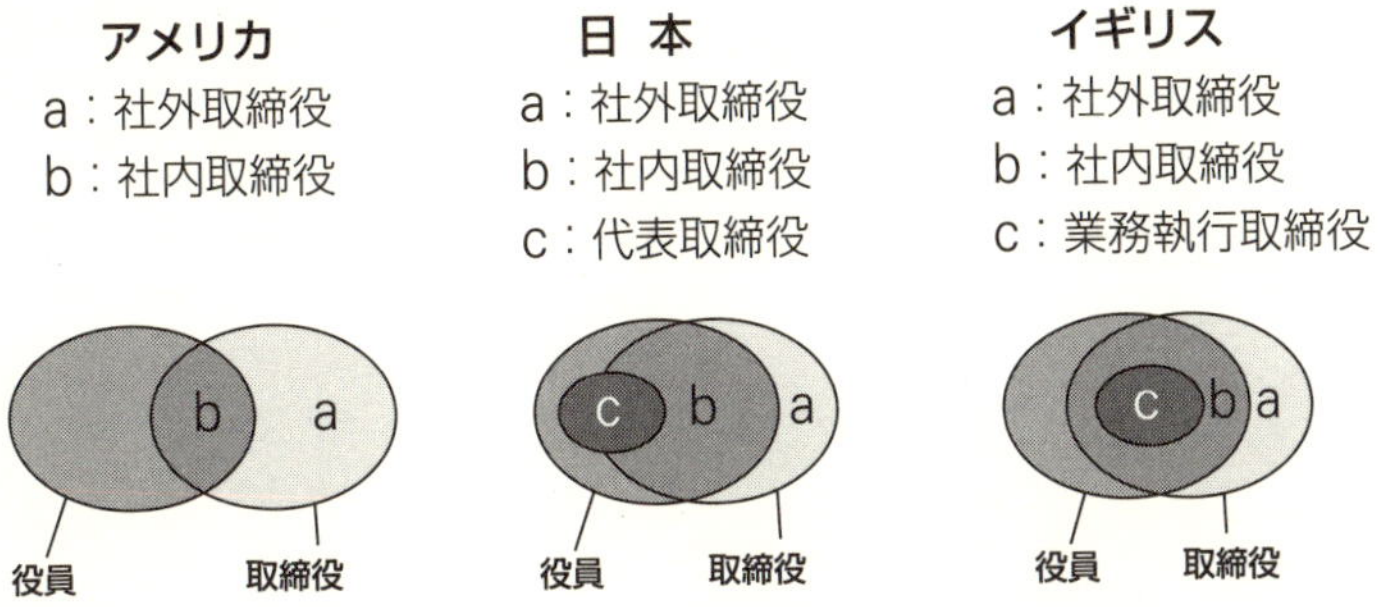

奥村宏氏によるモデル

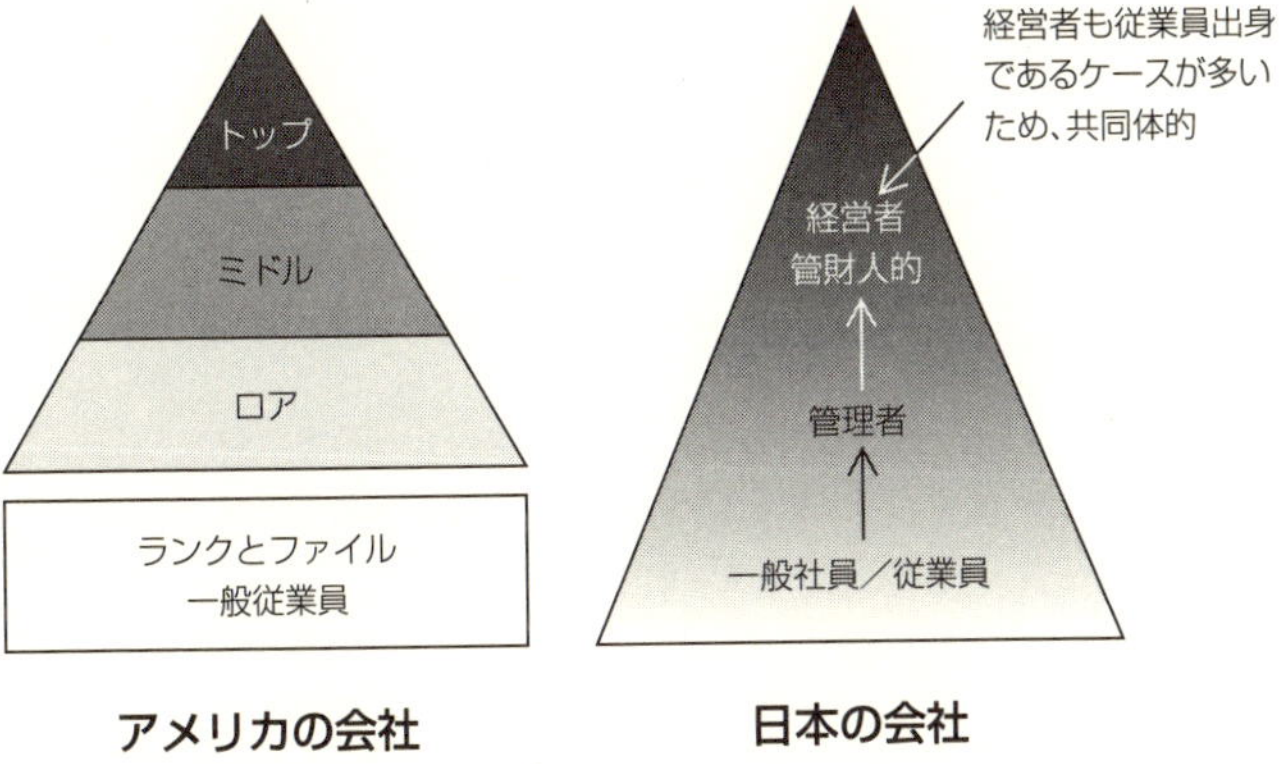

バロン氏のモデルに基づいて作成。
『日本型ビジネスの研究』（プレジデント社）を参考。

に行っているのである。日本文化で育った人は、春の「花見」シーズンの際、皆さんは公園で何の木の下にゴザをひいて花見の宴会の準備を行うのであろうか。

日本では「桜」＝「花見」という無言の「方程式」が存在するので、まずは「桜」の木を見つけ、その下にゴザなどの敷物をしき準備に取りかかる。（また、大多数の日本人は、桜の花が散る風景に美しさを感じるという。この傾向は、日本の文学作品の中にも見出すことができる。）しかし、ある大学の研究員が、海外留学生に実験を試みたところ、その留学生は、桜ではなくツツジの木の下に敷物を拡げて準備をしたそうである。理由は、桜よりツツジの花の色に魅了されたからだという。これなどが、文化が違えばパーセプションは異なるという例である。この例は、次に紹介する文化の価値観ともおおいに関係がある。

文化価値とは何か

文化価値（Cultural Values）は、先のパーセプションとも密接に関係する。価値観とは、各文化の人々に共有されており、物事を解釈したり、文化固有の考え方、作法、エチケットを含む行動パターンに対して、「何が好ましく、好ましくないか」、あるいは「何が常識やスタンダードで、常識やスタンダードでないか」等という「判断基準」や「方向づけ」を各個人にしてくれる。

すなわち、言葉ではなくお互い同じ文化内のメンバーが「暗黙の内に了解ずみのルール、マナー、エチケット」である。この文化ルールを破った場合、国外追放になることさえある。エドワード・ホールは、著書『沈黙の言葉』の中で、次の実例を提供している。

図　価値意識の分類

1 人間性	2 人間対自然	3 時間感覚	4 行動に関してのパーソナリティ	5 人間関係
性善説	自然を支配	未来	する・行為中心	個人
善悪両在	自然と調和	現在志向	ある・ない	横の関係
性悪説	自然に服従	過去 伝統重視	ある	縦の関係

近年では、1の人間性に限り、性悪説と性善説の逆説を主張する文化人類学者もいる。

ある米国の英文学者が、エジプトの大学で学生達に英詩の講義をしていた際、本人が椅子に腰をかけたまま足を投げ出し、話に夢中になり過ぎて、自分の「靴の裏」をエジプトの学生達に見せたままでいた。その米国人学者は、そのたった一回の講義でエジプトの大学を「首」になったのである。対人コミュニケーションの際に、相手に自分の「足の裏」を見せることはエジプト文化の価値観では、宗教的にも「無礼な行為」であり、「御法度」である。このことを知っていれば、その学者の人生も変わっていただろうし、国外追放にもならず、エジプトの大学で悠々自適な生活を送っていたことであろう。

また、次の例は、実際に一九九八年に「長野冬季オリンピック」の表彰式で起った出来事である。日本のある選手が、金メダルを獲得し表彰台に立った。日の丸が掲揚され国歌が流れた。この時、外国人選手は「帽子」を取って敬意を表した。(これは、グローバル・スタンダードの行為でもある。)

だが、その日本選手は、帽子をかぶったまま感動の面持ちで日の丸を見つめていた。「なぜ、帽子を取らないのか」という多くの抗議電話が関係当局に寄せられたという。

なるほど、外国人選手は、表彰式は自分の国の旗に限らず、掲揚の際には、帽子を取っている。この姿は新聞にも載り、話題となった。

メキシコ・オリンピックでも、ある黒人選手が「黒い手袋」をはめて人種差別に抗議した例もある。しかし、前述の日本人選手にはそのような抗議をする強い気持ちはなかったようだ。これは本人が思いもよらなかったネガティブな「文化とアサンプション」の実例といえる。ただし、オリンピック関

図　「日本・西欧・アメリカ」の会社に見る文化価値とアサンプション

	日本	西欧・アメリカ
1.会社とは	永久的保存物 (初めに会社ありき) 利害関係共同体	売り物(M&A) (初めに人ありき) 株主優先型
2.自己と組織空間(縄張り)	自他共有・内外共有 大部屋型(机を並べ共同作業) <障子・襖文化>	自他別 個室型(独立作業) 個(城)のプライバシー <カギの文化>
3.組織の基礎概念	コーディネーション(調整力)	コンセプト(構想力)
4.モットー	家族的・和 共同作業主義 共同管理	創造的戦略思考 能率・機能主義 自己管理・調整 自己開発(セルフリアライゼーションとディベロップメント)
5.昇格	年功序列中心 内部昇進 人間関係中心	能力主義 転職昇進 能力発揮主義
6.育成方針	ジェネラリスト	スペシャリスト
7.採用	新卒者(中高年層の出向・再就職)	資格・適性
8.作業	集団のチームワーク(和・察し)	自己分散(情報理解) 自己調整
9.組織内対人関係	他人依存・持ちつ持たれつ、義理・人情・温情・保護的 自己と他人は融合可能	外的指向・自立的 自己主体性
10.労使関係	労使関係は一体型	労使関係は対立型
11.相互行為	補充関係 (持ちつ持たれつ)	対称関係(平等的)
12.コミュニケーション	情緒的・他律的(儀式的スタイルと間接的言い回し、以心伝心と真面目さ)	直接(機械的)／自律的(論議、説得スタイルとユーモア)
13.社交・接待	男性優先的	夫婦・男女中心的
14.社会における自己概念	自己と他人は融合可能	自己主体性
15.社会構造の本質	公私の時間区別なし・画一主義	多様性の中での統一
16.社会における個人のコントロール	恥 自己防衛的・自己非顕示的	罪 自己防衛的・対抗的(ジョーク使用の場合あり)
17.社会における対人関係のコントロール	建前(外部)・本音(内輪) 裏・表・規則と仲介者	原則・規則と弁護士
18.社会のその他の特徴	タコツボ的 ある(人間は「在」る)	ささら的 作る(人間は「成」る)
19.リーダーシップ	他人のいうことに耳をかたむけ、グループ内の同意や調和をもたらすことのできる個人の能力	カリスマ性をもち、俺についてこいの「自己達成型」
20.意思決定の責任	意思決定は拡散 責任は集中	決定は集権的 責任は拡散

*ロンドン大学のR・ドーア教授によれば、イタリア、ドイツ、スウェーデンは企業を、技能、技術、人間の共同体と見ると報告している。ゼロックスなどの世界メーカーでは、優先順位は、1に顧客、2に従業員、3に株主であり、日本的とも言われている(1993年資料)。

係者のアドバイスがあったならば、この出来事は国際的に物議をかもす問題には発展しなかったであろう。

近年、室内でも帽子をかぶったまま違和感のない若者が増えているという。改めてマナーについての「意識」のレベルの違いを考えさせられることが多い。

ところで、歴史的に見ると、帽子はリーダーの「権威」や「正統」の象徴（シンボル）として、とらえられてきた。例えば、歴代の大統領の中で、帽子（特にパナマ帽）をかぶって権威を表したのが、セオドー・ルーズベルト大統領である。それとは反対に「無帽派」であったのが、若きジョン・F・ケネディ大統領であった。ケネディは無帽の構図を活用し、自らの「清新さ」を演出し、逆説的に偉大なる政治家としてのイメージを作り上げたのである。つまり、「帽子とは脱ぐためにある」という言葉があるように、紳士・淑女（ladies & gentlemen）なら当然、TPO（時間・場所・状況）に応じて、脱ぐべき時を心得ているものなのである。

文化のアサンプション

「アサンプション」（assumption）とは、例えば、日本人や日本の常識であろうとする思い込みや考え方を、自分の経験を基に想定することで、英語のthink（～だと思う）より、広い意味を持つ「～ではなかろうか？」に近く、人はこの推論ともいえる「アサンプション」に基づいて、いろいろな問題の解決法を見出そうとする。（刑事や探偵が、犯罪者や犯人を捜査する際、現場に残された血痕、または一本の髪の毛などを手がかりにDNA鑑定を行う。そして、その後、「～が犯人ではなかろうか?」というアサンプションを基に、犯人を割出すことを想起してもらいたい。)

文化のアサンプションも、文化価値と同じく、言語化されなくても、人々が「無意識」の内に自分達の文化の生活環境で身につけた「前提条件、思い込み」のコンセプトでもある。例えば、文化人類学者のフローレンス・クラックホーンによれば、各文化のメンバーは、自分達が抱えている共通問題に対していかに解決すればよいのか、という解決策を持っており、その問題解決策を「選択」する時、各文化共通の「アサンプション」=「カギ」が決定的な影響を与えるという。そして、それに対する「答え」である「解決策」こそが、各文化の「文化価値観」であるというわけだ。クラックホーンによれば、すべての文化は五つの次元の問題に対しての「解決策」=「文化価値」の特徴をもち、文化の基盤をつくっているのである。

ちなみに、文化人類学者のルース・ベネディクトの著書『菊と刀』が、一方で評価され、他方で非難されるのは以下の理由による。ベネディクトは、日本文化の価値である日本人の気質を、対立する「二極化」に分析し、日本人を「菊」=「平和」な性格を持つ一方、他方では「刀」=「戦争」という好戦的な性格をかね備えた国民性を持っていると分類したためである。これこそが、「ステレオ・タイプ」というものである。この二極化的な分け方は、日本のみに当てはまるものではないというのが反論である。しかし、この基本的な差異が存在していないとも言えないのである。

信条(何を信じるか?)

文化の価値観は、物事を解釈したり行動(コミュニケーション活動)する際、「何が好ましくて、何が好ましくないのか」という判断基準と方向づけを与えるものであるが、「信条」とは「何を信じるのか、信じないのか」という、各文化の人々の「意識の中」に息づいているものである。

日本文化で育った人々は、無意識の中に「生」の讃歌であり、「集団共同思想」でもある「神道」、「死」を形而上学的に思考する。つまり、日常の生活でいう「お蔭様の思想」、「仏や菩薩様の前では皆平等」などの基礎を形づくる「大乗（北方）仏教」、陰陽五行説の「道教」、それに、人間関係の宗教というよりは、「和」、目上を敬《うやま》い年下には「愛」、それに「恩」、「友情」などの五倫・五常の「哲理」を教える「儒教」などの総合された影響下にある。孔子に影響された孟子の五倫理とは「父子親あり、君臣義あり、夫婦別あり、長幼序あり、朋友信あり」であり、五常とは「仁・義・礼・智」に彼の弟子が後に〝信〟（日本では忠になる）を加えた教えである。なお、孟子によれば、人は生まれながらに仁・義・礼・智の四つの徳をそなえており「善」である。これは、先の「価値意識の分類」で示したクラックホーンの分類表の「人間性」に照らし合わせてみると、日本人は「性善説」の考えの影響下にあるといえる。クラックホーンは、アメリカ人はバリエーションの違いはあるが、ピューリタニズムの宗教に影響されているため「性悪説」とはいえないと述べている。宗派こそ違え、日本人の宗教意識の根底には、多神教である凡神論《はんしんろん》的なものが存在する。ある人が、お正月の初詣でや子供の七五三のため神社へ足を運んだり、結婚式をグアムやハワイの教会であげたり、また仏教のお寺へは法事のために行くことなどは、日本人の日常生活においては、別に疑問視されない宗教行動である。

永六輔《えいろくすけ》さんは、お正月は、日本についていろいろなことを考える絶好の機会だと語ったことがある。

まず、宗教である。「キリスト教のクリスマスに始まって、仏教の除夜の鐘、神道の初詣で、お年玉は儒教である」。つまり、あらゆる宗教がわれわれの意識しない普段の生活習慣になっているのは、世界で日本だけだという。「日本人は宗教意識が低いのでは？」と恥ずかしく思っている人が多いようだが、同氏によれば、「これは大違いであり、全世界に誇ってもいいこと」の一つであるという。

つまり、一神教の世界であるイラク、イスラエル、パレスチナでは、宗教と宗教が戦って多くの流血事件が毎日のように起きている。しかし、その中で日本は多神教のせいもあり、すべての宗教が皆仲良くしている。「宗教一つとっても日本人は、もっと誇りを持っていい。ところが、今の日本人はみんな疲れている」という。（「日本の道を考える2」読売新聞、平成一六年一月三日）

ところで、仏教の「宇宙」は「因《いん》」と「縁《えん》」と「果《か》」であり、すべての存在は「空《くう》」であるという教えを、われわれは日常生活で知らず知らずのうちに聞くものである。因・縁・果は諸行無常の理になり、前世・現世・来世の輪廻《りんね》の思想になり、因の善悪から業《ごう》の思想が生まれ、因を良くするために功徳の思想となる。「空」は、これを容易に受けとめると、この世はむなしいという「厭世《えんせい》思想」が生まれるという教えがある。

「縁起」とは、あらゆるものが互いに依存し、コミュニケートし合っていることである。（人々には出会いがある。それも縁であり、避けて通れない定め＝相互コミュニケーション活動の一形態であるということである。）現代は、IT時代であり、携帯電話の普及で「電縁」時代といわれている。

宗教学者である中村元氏は、それを「諸法実相」と称し、「無我」と同意語であるということを『東洋の心』の中で述べている。

図　凡神論に基づく神・人間・自然観

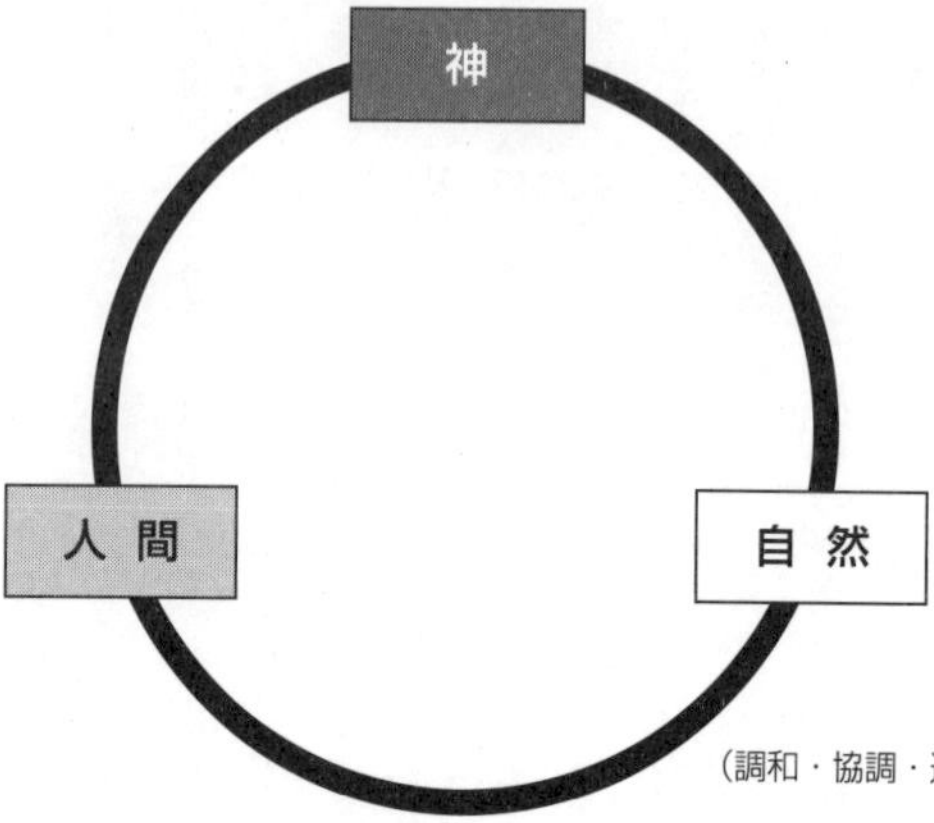

（調和・協調・連続的関係）

一神教に基づく神・人間・自然観

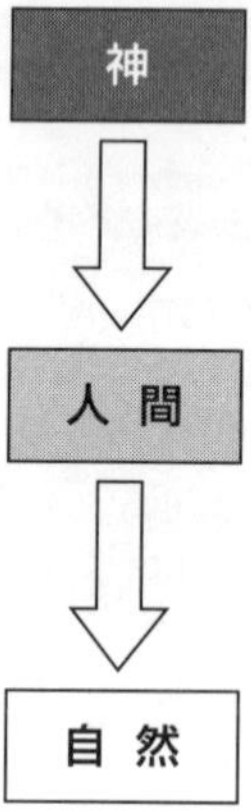

（支配・非支配・対決的関係）

図　「信条」に関連する環境倫理・共性コミュニケーションの考え方

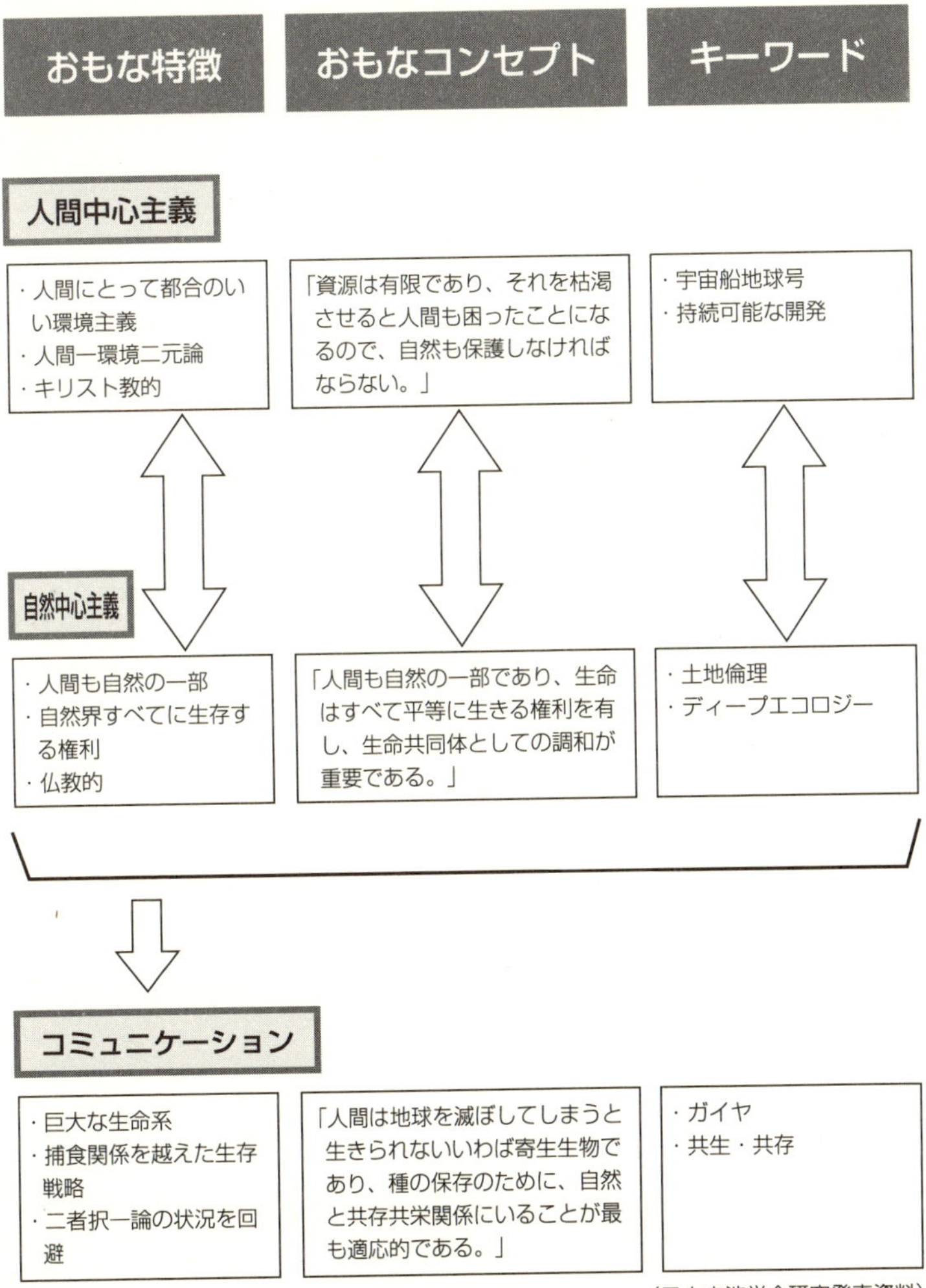
おもな特徴
おもなコンセプト
キーワード
人間中心主義
・人間にとって都合のいい環境主義
・人間一環境二元論
・キリスト教的
「資源は有限であり、それを枯渇させると人間も困ったことになるので、自然も保護しなければならない。」
・宇宙船地球号
・持続可能な開発
自然中心主義
・人間も自然の一部
・自然界すべてに生存する権利
・仏教的
「人間も自然の一部であり、生命はすべて平等に生きる権利を有し、生命共同体としての調和が重要である。」
・土地倫理
・ディープエコロジー
コミュニケーション
・巨大な生命系
・捕食関係を越えた生存戦略
・二者択一論の状況を回避
「人間は地球を滅ぼしてしまうと生きられないいわば寄生生物であり、種の保存のために、自然と共存共栄関係にいることが最も適応的である。」
・ガイヤ
・共生・共存

（日本交渉学会研究発表資料）

図　小集団コミュニケーションのパターン

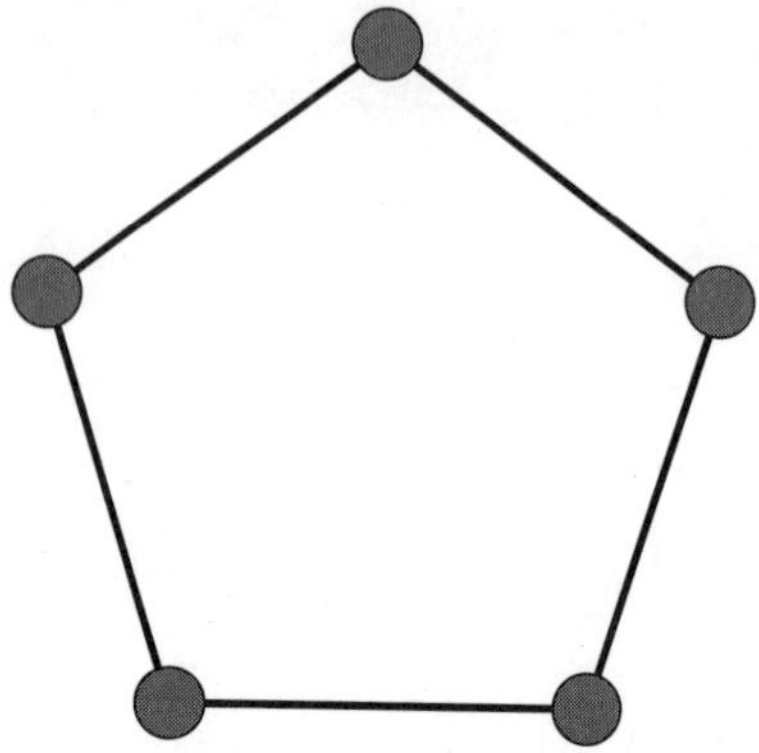

日本の「円環型」

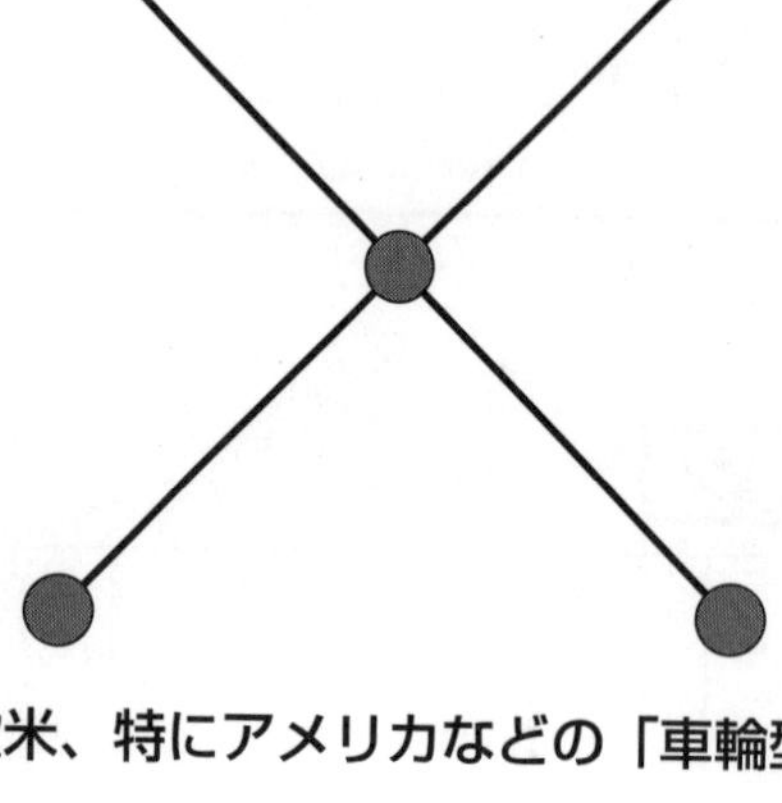

欧米、特にアメリカなどの「車輪型」

図　日本式意思決定サイクル

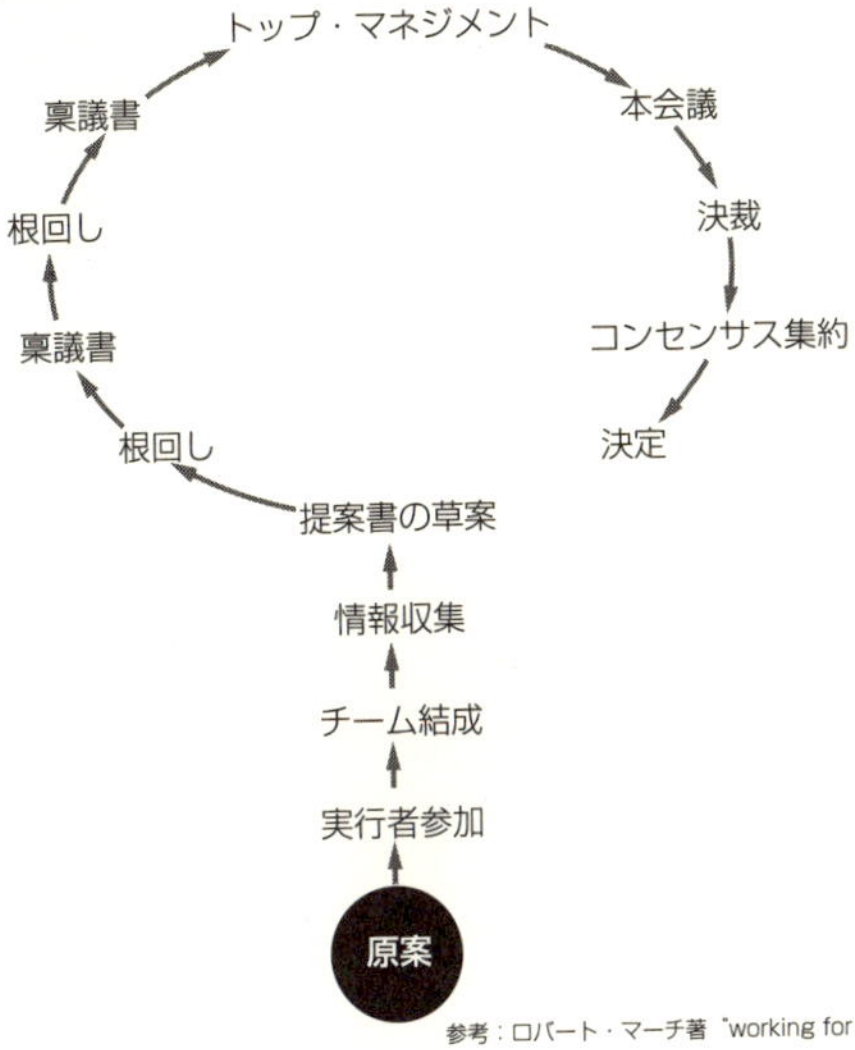

参考：ロバート・マーチ著 "working for a Japanese company"

図　意思決定にかかる所要時間

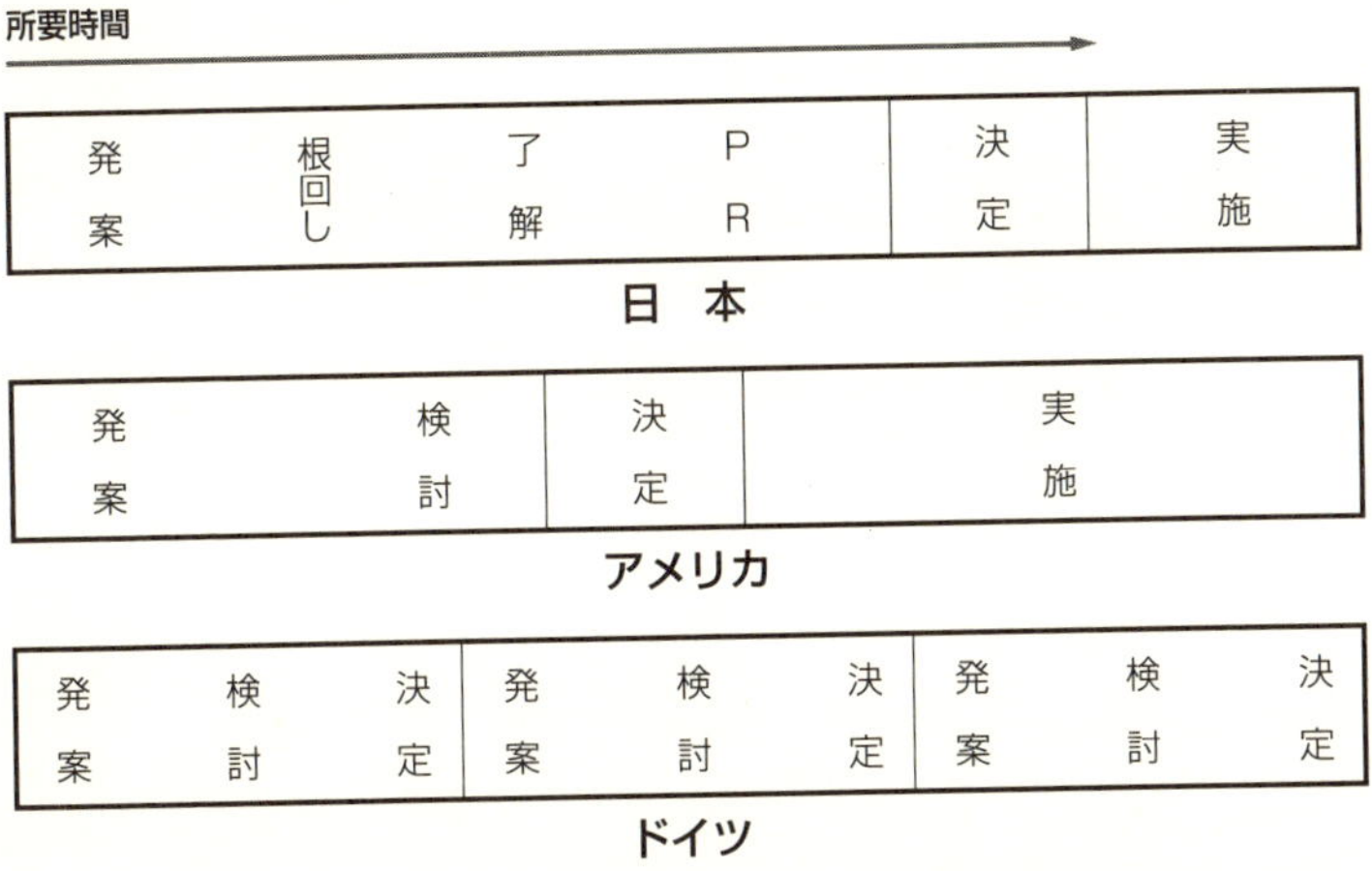

また、われわれは日常生活で対人コミュニケーションを行っている際に、多くの仏教用語が使用され影響されているということを、とかく忘れがちである。

例えば、縁・因縁・世間・根性・我慢・無残・無事・畜生・四苦八苦・意地・迷惑・勘弁・自由自在・火の車・融通・円満、それに、日本式の意思決定のコミュニケーション・スタイルと呼ばれる「根回し」などである。われわれの信条や思考パターンを形づくる上で、これらは無縁とはいえず、日本人の心情（エトス）の中に生きており受け継がれている。

「文化摩擦──信条と安息日」

「外国の人にとっては常識で辞典にも載っていないようなことが、最も困難である。」と福沢諭吉は述べている。日本人が体験する文化摩擦で信条と関係するのが、「休日」についての考え方である。

ある日本の商社マンが、海外赴任中に現地で一件家を借りた。日曜日に電気芝刈り機で庭の芝生を刈っていたら、隣の人から「安息日に動力機械を使うな」と怒られたという。欧米文化ではよく聞く話である。

ユダヤ・キリスト教の宗教的信条や意識が強い人にとって、安息日は皆が静かに過ごす日であるからである。電気芝刈り機のモーターの音は公害の騒音以上に「非常識」という非言語メッセージが含まれているからだ。

特にユダヤ教の安息日は金曜日の日没から土曜日の日没までであり、戒律はキリスト教以上に厳しい。このため、安息日にエレベーターを動かすことさえ「論争」の種となる。

一九〇〇年代初期に、アメリカ本土に移民した日系アメリカ人は生活のために日曜日も休まず働いていた。しかし、この行為は、本土カリフォルニアのアメリカ人たちの目には異常な光景として映った。それは、「安息日の日曜日にも働き、われわれアメリカ人の職を奪う日本人」というステレオタイプを生み、人種問題運動にまで発展した。日本人排斥運動の「排日移民法」は、その結果生まれた法律である。

二〇〇〇年の七月にアメリカで開かれた「中東和平交渉」期間中に、イスラエルのバラク首相は「安息日」に協議を休んだ。異文化と国際舞台においてコミュニケーションを行う際にも、文化の「信条」の違いは今でも政治日程を左右するほど大きいのである。

世界観の例（各文化における家族関係と対人コミュニケーション）

「世界観」の一つに「各文化の家族関係をどう観《み》るか」という項目がある。これは、先に述べた「パーセプション」にも関係があるが、それには二つの見方が存在する。

一つが「ゲマインシャフト」であり、他の一つが「ゲゼルシャフト」というコンセプトである。簡単にいえば、このコンセプトはドイツの社会学者であるニースが考え出した「社会の結びつき」の見方のことである。

「ゲマインシャフト」とは、血縁や地域などのように自然的で直接的に結びつく「共同体社会」のことである。

一方、「ゲゼルシャフト」とは、「利益社会」という意味であり、大都市や国家、会社のように共通の利益関心を柱にして結びつく社会のことである。

例えば、アジアの家族関係を見ても、日本は血縁主義ではなく、契約で支えられている。これは、血縁的拘束がゆるい「ゲゼルシャフト」(利益社会)である。だから、「婿養子《むこようし》」が簡単に成立できる文化である。また、血縁と無関係な「株式会社」がたくみに運営できるという。

日本に比べて、中国や韓国の家族は、強く血縁に拘束される「ゲマインシャフト」文化である。このため、朝鮮半島や中国に同じ姓(名字)が多い。韓国や特に中国は、父親中心の「家長制度」(父系制社会)文化である。韓国文化などは「夫婦別姓」制度を取っている。これは、門中《もんちゅう》(munjun)と呼ばれる親族組織に関連しており、韓国のみならず、「沖縄」文化にも見られる。そこでは、個人は「父方」、または「母方」の一方だけをたどる、単系的親族の構成員として位置づけられ、それのみが正式な親族員とされる。

なお、門中という親族組織は、両地域に固有な制度でなく、中国の儒教文化にそのオリジンを求めることができる。したがって、中国文化、韓国文化においては、家族内、親族間の「組織内の対人コミュニケーション・スタイル」も日本のものとは幾分異なる。

ちなみに、韓国においては、同じ姓を持つ者同士は結婚しないという「同姓不婚」制度が今でも存在する。姓が同じであっても同じ「氏族」であるとは限らない。先祖の出身地を韓国では本貫といっているが、先祖の出身地を同じくする「同姓同本」のもの同士は結婚できないという「外婚制」を取っている。しかし、同姓異本であっても姓が同じであれば、結婚しないのが「礼儀」とされている。

図　日米の意思決定の一般的特徴（比重の違いに注意）

	日本企業	アメリカ企業	アメリカの日系企業
1.照準	集団	個人	集団－組織上の決断 個人－日常の決定
2.調整	根回し 下意上達	専門家打診 トップ・ダウン	会議 双方向
3.時間	長時間	短時間	日米中間
4.実施	迅速	長時間	日米折衷
5.規準	成功の確実性 客観的 人間関係 長期的視野 市場拡大	成功の確率性 直感的 実利主義 短期的視野 利益増大	日米折衷 確率の向上
6.決め方	全員一致 （稟議制度）	個人決定または 多数決	コンセンサス
7.接待	夕食宴会 二次会	昼食 家庭への招待	日米折衷
8.福利	社宅、保養地、文化スポーツ施設	特になし	特になし 一部にスポーツ施設
9.結合力増強	QC活動、文化祭、運動会、旅行、部門間競争	金銭的報酬	金銭的報酬とピクニック・パーティや運動会など

文化にみる心理の解読法

アメリカの文豪ユージン・オニールの作品に『楡《にれ》の木陰の欲望』という心理解読法にヒントを与える名著がある。人間の欲望や欲求についての理論には、心理学者であったフロイトが説いたもの以外にも、さまざまなものがある。例えば、次のようなエスニック・ジョークさえもある。

以下は、歴史的にも有名な五人のユダヤ人が天国で「人生で一番大切なものは何か?」について議論をしている場面の笑い話である。

まず、旧約聖書の「十戒」で知られるユダヤ人のモーセは、頭を指差し「理性こそが人生において大切である」と説いた。

二番目のユダヤ人であるキリストは、胸を指差し「心こそ、愛こそが人生において最も大切なものである」と説いた。

三番目のユダヤ人であるカール・マルクスは、胃袋を指差し「食べ物や、物質こそ最も大切なものである」と説いた。

四番目のユダヤ人であるフロイトは、もう少し下のほうを指差し「性こそ、最も大切なものである」と説いた。

最後、五番目のユダヤ人である、アルバート・アインシュタインは「いやいや、すべては相対(リラティブ)である」と説いた。

このジョークには二つの解釈法がある。まず、宗教と学問の誕生に偉大なる貢献をしたユダヤ人の「知性は素晴らしいもの」という解釈が一つである。他の一つには、「人間の欲望や欲求の中で大切な基本的なものは何か」、ということを示していることである。

マズローによる人間の五段階欲求理論の新しい見方

マズローは人間の欲望を、「自尊心」を含む以下の五つの段階があると提言した。これが心理学や他の社会科学の分野でも新理論として受け入れられ、彼は世界的に有名な心理学者となった。なお、コミュニケーション学（メディア・コミュニケーションズ学ではない）は、社会科学・行動科学の分野に属する学問である。

（1）第一の段階には、「生理的欲求、生きたいという生命維持のための欲求」――食べ物、飲み物、性、睡眠、酸素――などを求める欲求がある。

（2）第二に、「安全や秩序を求める欲求」――生きてゆくにあたって、生活環境においての危険や危機に対して、生活体を守らなければならないという原動力――がある。

（3）第三として、「自己の存在感」に関係する――所属や愛情、また、自分のいる集団の中で、ある地位や場所などを望む欲求。それに、他の人と仲良くしたい、良い関係を保ちたいという――欲求。

（4）第四として「自尊心」――他の人から尊敬や評価など認めてもらいたい、名声を得たい、または自分という存在が他の人々にとっても有用なものであり、価値のある人と認められたいという――欲求がある。

（5）第五としては、これら四つの段階を経た後に、自分の可能性や理想や目的を達成しようとする欲求がある。すなわち、「自己の実現を求める欲求」（Self-actualization）が達成できると提唱した。

言われてみれば、なるほどと思われるが、マズローは第一の段階が満たされた後に、次の段階が生ずるというステップを踏んだ「五段階欲求理論」を考案したのである。例えば、冬山で遭難している人にとって最も重要なことは、救助隊が現場まで駆けつけて来るまで生き抜くことであり、そのためには「第一の欲求」である「食べ物」や「飲み物」以外の関心はない。チョコレートやスープなどがあれば、しめたものであり、それらが満たされた後には、次の第二の欲求が表われ、同じことが続いてゆくのである。

アレンの一〇項目理論

マズローに対して、同じく心理学者であるH・アレンは、「一次的欲求」（生得的欲求）と「二次的欲求」（後天的欲求）を、各々一〇項目に分けて説いた。

「一次的欲求」（生得的な欲求）

（1）　食欲を満たしたい
（2）　ノドの渇きを満たしたい
（3）　安らぎを求めたい
（4）　苦痛や危険をのがれたい
（5）　性的満足を得たい

図　マズローの欲望5段階理論

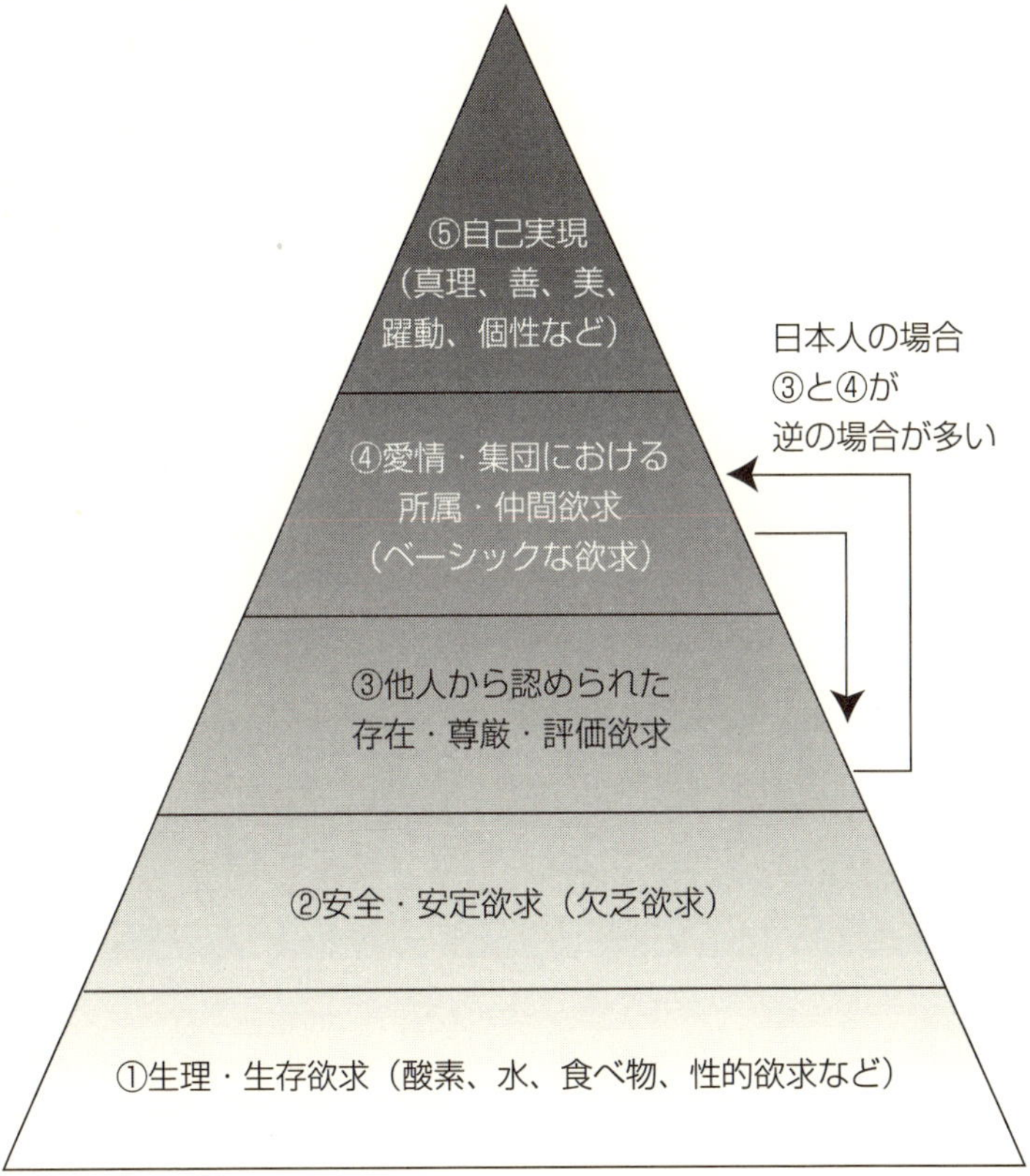

出典：『マズローの心理学』F. ゴーブルを参照し、新たに作成した図

(6) 家族など愛するものの幸せを守りたい
(7) 社会的な評価を得たい
(8) 他人に優越したい
(9) 障害を克服したい
(10) 遊びたい・楽をしたい

「二次的欲求」(後天的な欲求)

(1) 普通の人と同じでありたい
(2) 健康でありたい
(3) 能率的でありたい
(4) 手をはぶきたい
(5) 他人を信頼したい
(6) 経済的安定が欲しい(利益を得たい)
(7) スタイルがよくありたい
(8) 清潔でいたい
(9) 自分の好奇心を満足させたい
(10) 情報、知識を得たい、教育を受けたい

アレンは、マズローの理論とは少し異なり、人間の欲求を「一次的欲求」と「二次的欲求」を、それぞれ一〇項目に分け研究した。(Abraham H. Maslow〔1968〕, Toward a Psychology of Being, N.

Y.：D. Van Nostrand Company　F・ゴーフル『マズローの心理学』他）

「自尊心」とコミュニケーション能力

「自尊心」とは、「自分の存在」（セルフ・アイデンティティ）や「生き方」に対する基本的な「信頼感」のようなものであり、自分を大切にする気持ちのことである。「自尊心」の高い人は「個性」をコントロールして、長所とすることができる。例えば、精神科医の研究によれば、虐待されてきた子供や、常に批判されて育ってきた子供、それに、過保護に育てられて自分で何も決められなくなった子供は「自尊心」が低くなるという結果がある。

「コミュニケーション能力」（Interpersonal communication power）とは、人との関わりを通して自分の意見を伝え、相手の意見も聞き、十分に話し合ってお互いに納得のいく結論を導き出せる能力のことである。この能力が高ければ、ストレスをためることもなく、「対話」を通して困難を乗り越えたり、他人との信頼関係を深める中で「自尊心」を高めたりすることができる。だが、その反対に子供の「自尊心」を低下させたり、コミュニケーション能力を十分に育てられなかった場合には、「個性」を短所にしてしまう恐れもある。それが、さまざまは問題行動（「キレル」という行動など）や心の病につながる場合もあることを理解することが大切だ。

人は、他の人（他の文化背景を持つ人も含む）と関わりあって自分の存在感（セルフ・アイデンティティ）を知ったり、精神面で安定感を得たり愛情を得たりする。また、他人との関わり合いを通して、組織やグループ集団や自己の文化内で自分の大切さなどを知ることができる。時には、相手を支配したり、またある集団から離れたり、自立したりしようとする。マズローやアレンは、こうした人間の関わり合いの要求の度合いを証明しようとしたのである。また、「自尊心」と「コミュニケーション能力」とは密接な関係があることもわれわれに提供してくれたのである。

われわれは自分達が生きていくために必要な、生理的要求を得、物質的安全性を確保し、物質的欲求、精神的欲求を満たそうとするのである。これらの欲求を満たすために、対人コミュニケーションを通してさまざまな活動を行っているのである。異文化コミュニケーションを文化間のインターパーソナル・コミュニケーションの視点でとらえてみると新しい発見ができる。

国際舞台で通用しない日本人の3S――インドから学ぶ

話は少しそれるが、日本人の国際性について以下のジョークがある。同時通訳者であった村松増美さんは日本人が国際会議に出席すると、「3S」とよく言われると指摘している。3Sとは、英語が理解できないため、黙って物を言わないSilence、スマイルばかりしているSmiling、さもなければ、英語で質問されるのを避けるために眠っているSleepingという三つのレッテル(ステレオタイプ)である。また、国連などの会議で一番むずかしいのは、日本人をいかにしてしゃべらせるかと、インド人をいかにして黙らせるかだそうだ。日本人の「沈黙」に対してインド人の「毒舌」は有名だそうだ。すなわち、"The toughest job in international conferences is how to make the Japanese speak up and how to make the Indians shut up."である。

「電縁時代」の若者マナー講座：家庭の躾《しつけ》と対人コミュニケーション度

二〇〇三年三月一六日に厚生労働省は、同年の四月から、一度は就職したもののすぐに辞めてしまった若者の失業対策として、「電縁時代」に必要な社会人としての「マナー講座」をスタートさせた。総務省の労働力調査によれば、一五歳から二四歳までの二〇〇二年の平均完全失業率は九・九％であった。厳しい雇用情勢にもかかわらず、厚労省の調査では、二〇〇一年の三月に学校を卒業して就職した若者のうち、大卒で一五・七％、高卒で二六・二％が一年もたたずに退職していた。これは、昔のように親を助けるために就職し、給料の一部は親に渡し経済的負担を軽くしてあげるといった意識を持っていた世代の価値観とはかなり違う。厚労省は、「職業人としての意識が希薄なため」と分析しているが、専門的な職業訓練以前に、敬語の使い方や電話による応対など、社会人の基礎である対人コミュニケーション作法を身に付けさせる必要があると判断した。なお、マナー講座は、全国の県庁所在地にある雇用・能力開発機構の都道府県センターで一週間程度の講座を行うというが、これは家庭における「躾《しつけ》」と自己表現の訓練にも関連する。

以下は、筆者が使用しているコミュニケーション・センス自己診察チェック・リストである。まずは、一五の質問に答えて頂きたい。一通り読んで解答欄にマル（〇）で記入すること。正直に思った通り記入すると自己開発のためにも有効である。

（1）混んでいる電車やバスで人をかきわける時、一言「すみません」と声をかけているか？
（2）きらいな相手、苦手な人に対しても、自分から近づき、笑顔で話しかけているか？
（3）話しかけても、思いどおりの反応が得られない場合、腹を立てて怒るほうか？

(4) 言いにくいことがらは、言わずにすませたり、先に延ばしたりすることが多いか？
(5) 自分の話し方に「くどい」「前おきが長い」「エー、アーが目立つ」などの癖があるか？
(6) 話し出すと、相手かまわず自分のことばかり、ついしゃべってしまうタイプか？
(7) ものを言う時には、相手のミスや弱点をいきなりつくようなことはせず、気を配っているか？
(8) 一言不足したり、言い方が独りよがりで、相手に正しく伝わらないことがあるか？
(9) 相手の話に口をはさむ、途中でさえぎるなどをせずに、よく「耳」を傾けているか？
(10) 間違いを指摘されると、身構えたり、感情的になったりすることがあるか？
(11) 人前で話す時、相手を見て反応を確かめながら話しているか？
(12) 人と会話をする時、笑顔を心がけて、にこやかな表情で話すようにしているか？
(13) 気が進まなくても、必要だと判断したら明るくふるまい会話を交わすほうか？
(14) 話題が途切れたり、座がしらけたりした時など、自分から口火を切って、場を盛り上げる努力をするか？
(15) 親しい人、または目下の人と話す時、「こうしなさいよ」とか「こうすべきだよ」と言う台詞をよく口にする方か？

問	いつも	時々	めったに
1	10点	5点	0点

2	3	4	5	6	7	8	9	10	11	12	13	14	15	合計
10	0	0	0	0	10	0	10	0	10	10	10	10	0	点
5	5	5	5	5	5	5	5	5	5	5	5	5	5	点
0	10	10	10	10	0	10	0	10	0	0	0	0	10	点

あなたの合計得点は　計　点

＊あなたのセンス度診断結果

110点以上は「高感度」

90～105点は「センス良好」

70～85点は「もう一歩」

65点以下は「センスアップの必要あり」

自分自身の長所を知れば、自己啓発ができる

日本人は一般に、自分のことよりも自分の回りの人々といかにうまくやっていけるかということを主に考えがちなため、また、自己主張をしてはいけないという風潮もあるせいか、自分自身が好きであるとはなかなか言えないようだ。

自分を好きになるということは、あるがままの自分を受け入れるということであるから、劣等感や優越感、焦燥感、余裕、不安感、それに欲求などをしっかりと受けとめられるということである。だが、それに縛られない、また操られないことでもある。それでは、あるがままの自分を好きになれば、どのような効果をもたらしてくれるのであろうか？　答えは以下のとおりである。

（1）　自分に自信を持っていることは、相手のことを認める余裕とゆとりがもてる
（2）　表情が柔らかくなる
（3）　態度が自然になる
（4）　人と分け隔てなく接することができる
（5）　誰にでも、どんな場面でも自然体でいられる
（6）　自分のことを素直に語れるようになる

以上の効果は、必然的に説得の場面にも生かされることになる。そのことが、相手に好感と信頼感を与えるのである。人と素直に接することができれば、人もまた素直に接してくれるものである。

自己啓発を心がける人は成功する

自己啓発とは、これまで以上に自分に対しての能力や才能、それにコミュニケーション力の再発見や開発、さらには自己の生きがいのための生活面においての工夫など、人によってとらえ方が異なる。ただ、共通しているのは、現在の自分より、才能やパーソナリティ、技能などをより良い方向に変えていこうとする自発的な行動やアクションであるという点である。

まずは、自己啓発力を才能面から見てみると、以下の項目に分類できる。

(1) 情報収集力（あふれている情報の中から、これはと思う情報を集められる力――情報の量より質）
(2) 行動力・計画力（これから自分が計画するために、さまざまな要因や周囲の状況などを考え行動し計画する力）
(3) 判断力（重要なものから、重要でないものを段階をおって見分けられる力）
(4) 集中力（取り組む仕事・プロジェクトなどに一体感をもつ力）
(5) 直感力（先行きを見極める力）
(6) 理解力（物事の状況や成り行きを的確につかめる力）
(7) 創造力（手元にある情報や知識、技能を組み立てて新しいコンセプトやパラダイムや考えを生み出す力）
(8) 問題解決力（物事の問題点やトラブルに対しての処理能力）
(9) コミュニケーション・プリゼンテーション力（自分の考えをわかりやすく相手に伝える力）
(10) アクティブ・リスニング力（相手の話などに耳を傾けることのできる力）

(11) 自己開示力（自らの心の内を嘘や偽りなく打ち明けられる力）
(12) 説得力（人々に自分の考えや思っていることを伝え、理解してもらい、行動する力）
(13) リーダーシップ・統率力（人々を一つの目標と方向に誘導してゆく力）
(14) 管理力（一人ひとりの個性を把握し、それを効果的に用いる力）

われわれは日頃の生活の中で、自分のもっている能力の一部しか使っていない。しかし、以上の事柄を参考にすれば、その使っていない能力が活性化されるのである。すなわち、自分の眠っている才能を開発することができるのである。

第二章 国際派コミュニケーターの条件とは？

多文化共生社会が求める人物像

CHAPTER 2

The Age of Multicultural Communication Power

多文化共生社会のキーワードは、「コラボレーション」（協創）

多文化共生社会のキーワードを挙げるとすれば、「コラボレーション」（協創）である。すなわち共に、またはお互いが協力して新しい何かを創りあげていく、という意味である。これは、これまで日常生活でよく使用されてきた「協力」（コーポレーション）とも違い、より「コーアクティブ」（協働）で、かつ「クリエイティブ」（創造的）である。

例えば、教育分野でも大学と企業文化の相互の協力を目指したものに「産学協同」プログラムがある。「産学協同」という言葉は「ファックス時代」に生まれたコンセプトに基づいている。したがって、現代のＩＴ（情報技術）やパソコン時代には、これまでの産学協同とは異質な発想の時代を先取りする「産学コラボレーション」プログラムが必要である。

国際関係においても「9・11同時テロ事件」以後、アメリカも二〇〇三年の一一月半ばになって、ようやく他国とのコラボレーションに気づいた出来事があった。場所はブリュッセルにおいてである。そこでは、アメリカと欧州連合（ＥＵ）とのパートナーシップ五〇周年記念を祝う式典が開催された。その式典でパウエル米国務長官が「世界のテロ問題などの懸念解決は欧米の連帯にかかっている」と勇気ある発言を行った。つまり、アメリカは欧州との関係強化に取り組むということである。これは、言い換えれば、国際関係にも共生理論が必要であるというメッセージを含んだ発言である。イラク戦争をめぐって亀裂が走った米・欧関係が新たな段階を迎えたのである。テロとの戦いで始まった「イラク戦争」が突き付けた世界観の違いを埋める作業はアメリカの一国主導だけでは進まない。

「イラク、アフガン復興は、アメリカ主導ではなく『国連主導』のもとで！」とアフガニスタンを

「電撃訪問」した際、テレビで全世界に向けて強調したのが、元ファースト・レディのヒラリー・クリントン上院議員であった。それは、二〇〇三年一一月の二七日の出来事であった。その日は、ちょうどアメリカの伝統的行事である「感謝祭」（Thanksgiving Day）の日でもあった。また、ヒラリー議員は翌日の二八日には、イラクのバクダットを慰問のため訪問するという遺業を成し遂げたのである。

また、国際間の協力には、ヒューマン・コミュニケーションの核である「分かち合い」、「気配り」、「助け合い」、それに「勇気」が必要である。人は他人と仲良くなりたいという深層心理を持ち、もともと情け深いから、「分かち合い」、「気配り」、「助け合い」は実行に移しやすいが、「勇気」はむずかしい。しかし、改革、自己犠牲、共同行動をためらってはいけない。

共生・共存とコラボレーション（協創）とモジュール化時代

「まえがき」でも述べたが、二一世紀は、文化間や国家間のみならず、学校や、企業などの「共生」、「協創」という言葉がキーワードとなっている。しかし、ＩＴ（情報技術＝Information Technology）の進展の結果、「モジュール化」の大きな潮流が生まれてきた。モジュール化というのは、ある大きなシステムの中の一部分のことを意味しており、それぞれの部分、つまり、モジュールが他のモジュールと別に設計、生産し、それぞれのモジュールを結びつけて、最終製品が組み立てられるという「水平分業型」のビジネスシステムのことである。中谷巌氏は、ある国際シンポジウムにおいて「パソコンを例に挙げれば、マイクロソフトはＯＳに強く、インテルはＣＰＵに強い。また、液晶では、シャープというように、強いモジュールを組み合わせて（共生）、競争力のある製品を早く安く作ることが可能になった」と述べたことがある。

しかし、日本の企業は、これについては対極にあるようだ。何でも自前で造る「垂直統合型」ビジネスモデルで、これまでは非常に強かった。しかし、グローバルに展開される「水平分業型」ビジネスモデルの浸透で、日本の企業の競争力は大きく低下してしまったのである。

例えば、次世代大容量光ディスクをめぐっては、ソニーや松下電器産業（それに韓国のサムソンもである）が「HD　DVD」とは互換性のない「ブルーレイディスク」規格を独自に策定しており、ソニーが二〇〇三年四月に、世界初の録画再生機を発売した。他方、NECと東芝は、二〇〇四年以降、「HD　DVD」規格に対応する記録・再生機を発売する。

両陣営の間では、次世代大容量光ディスクの規格をめぐる主導権争いが一段と激化している。これについては、ビデオテープのベータ（ソニー）対VHS（ビクター他）のような熾烈《しれつ》な争いにならなければよいと願っているのは筆者一人だけではないはずである。

しかし、構造が極めて複雑な自動車については、モジュール化が未成熟なため、組み立てメーカーと部品メーカーの間で事前の綿密なすりあわせ（企業間の多文化コミュニケーション）が必要であり、「垂直統合型」ビジネスモデルが通用する。したがって、日本企業は、自動車分野においては強いのである。ただし、欧米では、その自動車ですらモジュール化の波が押し寄せている。

多文化共生社会が求める人材

異文化においては、現地の状況を肌身で感じることが必要である。そうした行動が、コミュニケーションを円滑にしてくれる。また、国際感覚を養うには、自分の文化や自国の伝統、歴史に対する知識を身につける必要があるからである。

ところで、一般に「コミュニケーション力」と聞けば、情報メディア、広告やパブリシティ、またはコンピュータのデータや通信システムを扱うハードなメディア・コミュニケーションズをイメージする人が多い。しかし、ここで使用する多文化間のマルチ文化コミュニケーションとは、「人間」対「人間」、すなわち「ヒューマン・コミュニケーション」を意味する。（コミュニケーションとコミュニケーションズの違いについては、巻末の「コミュニケーションのキーワード」を参照されたい。モバイル・コミュニケーションズの最後は、複数の「ズ」になっている点に注意。）

具体的には、人間同士の会話、会議、伝達などの対人コミュニケーションスタイルがイメージできる。ヒューマン・コミュニケーション力（interpersonal communication）とは、バーバルな話言葉（verbal language）や文章、それに後でも述べるが、ノン・バーバルな非言語メッセージ（nonverbal messages）や人間の行動パターンを解読したりする眼力を極め、レベル・アップを培うパワーのことである。では、次に対人間のヒューマン・コミュニケーション力について考えてみよう。

対人コミュニケーション能力とは

コミュニケーション能力とは、一般的には、（1）論理的思考力、（2）自己表現力、（3）チャレンジ精神、（4）実行力、（5）リーダーシップ能力のことである。アメリカなどの国語教育や「コーポレート・カルチャー」（企業文化）研修などでは、それらを「コミュニケーション学習目的」と位置づけている。

日本では、コミュニケーションと言えば、とかく「心と心の通じ合い」と思われがちである。話し手と聞き手の間に「ぬくもり」や「情緒的相互理解」のレベルが高まれば、コミュニケーションが成立したと考えられる文化風土である。

しかし、コミュニケーション学を少し専門的に見れば、必ずしもそうではない。コミュニケーションとは、相手の考えや態度を変えさせ行動を起こさせることに目的があり、次のように規定できる。

①「コミュニケーションとは、問題解決の手段である」
②「コミュニケーションとは、説得の手段である」
③「コミュニケーションとは、他の人の行動を促すための道具である」
④「コミュニケーションとは、相手に自分の期待する行動を起こさせる手段である」
⑤「コミュニケーションとは、物事を証明するための手段である」

経営学の神様ドラッカーの唱えるヒューマン・コミュニケーション力

ヒューマン・コミュニケーション力について、経営学の神様と称されたピーター・ドラッカーが世界的にベスト・セラーとなった著書『マネジメント』（ダイヤモンド社）の中で次のような興味深い発言をしている。それを紹介したい。

(1)ソクラテスは「大工さんと話す時は大工さんの言葉を使え」と説いた。コミュニケーションは、受け手の言葉を使わなければ成立しない。受け手の経験に基づいた言葉を使わなければならない。

(2)「コミュニケーションは、受け手に何かを要求する。受け手が何かになること、何かをすること、何かを信じることを要求する。何かをしたいという受け手の気持ちに訴える。コミュニケーションは、受け手の価値観、要求、目的に合致するとき強力となる。合致しない時、まったく受けつけられないか、抵抗される。」(ピーター・ドラッカー)

ドラッカーが説くこれら二つのコミュニケーション定義は、言われてみればなるほどと思う。二つとも含蓄のある名句である。ただし、頭でこれらについて理解できても、さて実践となると「言うは易し、行うは難し」である。

また、コミュニケーションをとる際には、次の二つの要素があることも忘れてはならない。一つめがコミュニケーションの内容である「コンテンツ」である。すなわち、情報の内容そのものである「話しの内容」や他の「文字情報」などの中身のことである。

二つめの要素に「コンテクスト」がある。「コンテクスト」とは、話の内容以外のまわりのムードや状況のことである。文化によって内容であるコンテンツを重視する文化もあれば、反対にコンテクストを重視する文化が存在する。

対人コミュニケーション力をアップする

また、多文化間の対人コミュニケーション・アップをはかるには、何が必要なのであろうか。それには、次の四つの側面に目を向けることが必要である。

第一に、自文化と異文化の人々の特徴や価値観、それに行動パターンや思考パターンなどについての「知識」が不可欠である。二つめには、コミュニケーションを行う際に求められるのが「態度（心構え）」、それに、三つめとして、実際にいかにして言語・非言語のメッセージを使いながらコミュニケーションをするのかという「実践スキル」、それに最後の四つめは多文化間におけるヒューマン・コミュニケーションのシナジー（相乗）効果をいかにすれば強化できるかという「シナジー探索力」である（「多文化シナジー力」も同様である）。

「シナジー（相乗）効果」という言葉は、バックスミンスター・フラーによれば「ヒトが古いパターンやパラダイムから開放されるのを助け、さらにそれまでは許容されていた無知の殻を破ることができる新しい考え」を意味する言葉である。「三人寄れば文殊の智恵」という諺《ことわざ》もあるように、一つの文化のみが単独で作り上げる品物よりも、多くの文化が類似点に基づいて相違点を共生し融合することで、より効果的で相互の利益を生む品物を生産することができる、ということである。

例えば、ビジネスの世界においても、次のようなシナジー効果例が存在する。例えば、ソニーは単独で他の電機メーカーに先駆けベータマックスと呼ばれたビデオを開発した。しかし、ソニーのベータではなく、ビクターを中心に、松下などが互いに協力し、シナジー効果を狙って開発し生産したビデオがある。それが、VHSビデオと呼ばれるものである。

最終的には、シナジー効果を狙って作り上げたＶＨＳのほうが、ソニーが単独で作り上げたベータマックスより世界的なマーケット・シェアを獲得することになった。言い換えれば、双方のコミュニケーター達が相手の価値観やメリットを理解する姿勢が必要であること。さらに双方で発信するシグナルやメッセージをキャッチし、それらを理解し、互いにシナジー（相乗効果）を上げていくことが大事なのである。

コミュニケーションを行うことと成功させることは別問題

コミュニケーションを行うことと、コミュニケーションを成功させることは別問題である。しかし、このことに気がついていない人が案外多い。

まず、コミュニケーションには四つのタイプがあることを知ってもらいたい。55ページの図で示す四タイプの相互コミュニケーション・モデルのいずれもが、「コミュニケーション」と呼ばれるものである。しかし、コミュニケーションを成功させるには、双方のやりとりが、どれだけ成立できるか、達成できるかいなかにかかっている。双方が満足する筆者の説く「シナジー型コミュニケーション」は、四番目である。

異文化・多文化との効率よい対人コミュニケーションとは

では、異文化のバックグラウンドを持つ人、または多文化の人々と効率のよい対人コミュニケーションを行うには、どのようにすればよいのであろうか。次に、それについて探ってみよう。

対人コミュニケーションは両面通行、すなわち、野球で言えばキャッチボールのようなものである。それは、受信と同時に発信も大切な要素であり、双方にとってメリットであることが目標でもある。効率のよい異文化や多文化間の対人コミュニケーションを行う際には、相手の非言語メッセージが読み取れることが大事である。以下ではこれら以外の「二つの重点要素」について述べてみたい。

I．非言語コミュニケーションは、雄弁に文化を語ることを知る

多文化の人々と効率のよい対人コミュニケーションを行うには、まず、自分の話し相手がどのような人物なのかを判断する必要がある。判断するには、話し言葉以外の非言語メッセージの解読も必要である。これについては、五章の「非言語コミュニケーション」のセクションで述べるので、ここでは簡単に説明してみたい。

一つ注意しなければならないことは、「ボディ・ランゲージ」を、非言語コミュニケーションと混同して使用している人が研究者の中でも意外と多いということである。「ボディ・ランゲージ」とは、「身体言語」のことであり、身体による表現、身振り、手振りで意思表示するもので、非言語コミュニケーションの一部にしか過ぎない。ちなみに、ボディ・ランゲージは、ジャーナリストであったジュリアス・ファストが著書"Body Language"の中で使用し、有名になった用語である。彼は個人の経験をもとにその書を発表したので、氏の書は学術的な研究に基づいていないという批判と非難を学会関係者から受けた。

「人は五分で見抜け」という格言がある。では、自分の話し相手がどのような人物かをいかにすれ

図　4タイプの相互コミュニケーション・モデル

コミュニケーターA	シグナル・メッセージの伝達共有・共感の満足度レベル	コミュニケーターB
1.双方不満型  A−	（AとB双方とも納得も理解もせず）	 −B
2.一方満足・他方不満型  A+	（Aは納得し理解する。が、Bは納得・理解せず）	 −B
3.一方不満・他方満足型  A−	（Aは納得・理解せず。が、Bは納得・理解する）	 +B
4.双方満足「シナジー型コミュニケーション」  A+	（AもBも双方が納得し、理解する）	 +B

ば見抜けるのであるか？　それには、以下のマトリックスが参考になる。

メセージ解読法
① 話し言葉による好感表現
② 声の質、高低などによる好意的な表現
③ 顔の表情、目の使い方、姿勢、動作による好意表現（「不自然な笑い方をする人には注意せよ」という喩えもある。）

カリフォルニア大学の心理学者メラビアンは、話し言葉によるメッセージ伝達率は、たった七％であるのに対し、われわれの視覚など五感を通して相手に与えるメッセージ伝達率は、五五％であると報告している。

五感とは（1）「視覚」――目を通して入ってくるメッセージのことで、顔の表情や、服装などの身だしなみ（英語では、You are what you wear. という表現がある）、振るまい方、姿勢、態度などのムーブメントや動作など。

例えば、「身だしなみ」に関してであるが、世界中で好感が持たれている色は「紺色」である。男性のスーツについては「紺に始まり紺に戻る」という喩えがある。女性は、紺色以外の水色、ピンク、黄色などの明るいブライト・カラーでも良いとされている。また、大統領側近のカラー・コーディネーターは、「三色以内のコーディネート」を大統領に薦めるようだ。服装の全体を三色以内（特に、ネクタイやベルト、靴の色などに関して）に決めよという。その際、白と黒は数えない。（2）「触覚」――握手や、抱擁などの際のタクタイル・コミュニケーション（感触）度、（3）「聴覚」――声や言葉の使い方、敬語と仲間言葉の使い分け、（4）「嗅覚」——香りや匂いに関するもの。香水や体臭、（5）「味覚」——共に食事などをした時の味覚。

筆者は、これら五感以外に（6）「直感力」——勘とは違った言葉以外の第六感（サイキック超力psychic powerともいう）のパワーを加えておきたい。

われわれがコミュニケーションを行う際には、相手から自分がどのような人物なのかを観察、判断されている場合が多いので、話し言葉と顔の表情や声の高・低、姿勢や動作などのムーブメントにも心を配る必要がある。

なお、「非言語コミュニケーション」の一二の項目について詳しくは、五章のセクションを参照されたい。

Ⅱ. 多文化対人コミュニケーション・シナジー力を培う一四項目

コミュニケーションを通して諸外国の文化を吸収し、日本のもつものを異文化・多文化の人々と分かち合うには、対人コミュニカビリティ力を培うことが必要である。以下の項目は異文化間のクライシス・マネジメントの一端としての異文化対応策の一部と思って頂きたい。「備えあれば憂いなし」である。以下では、［1］ストレート・ロジック、［2］プリゼンテーションのロジック、［3］コーチングと説得法、［4］ディベートのベース、［5］アカデミック・ディベート力、［6］ネゴシエーション力、［7］話し上手のポイント、［8］科学的なクリティカル・リスニング力、［9］文化間のコミュニケーション・スタイルを知る、［10］自民族・自文化中心主義に陥らない、［11］ステレオタイプとネガティブな偏見に注意せよ、［12］コンテクスト力を培う、［13］異文化・多文化の違いを知ろう、［14］ミディエーション力のベースを培う。

［1］ストレート・ロジック

［1］ストレート・ロジックとは、簡単に言えば「なぜWhy?」、「なぜならばBecause」をベースとするロジック（論理思考パターン）のことである。例えば、特に欧米人や中国人とコミュニケーションを行うには、かれらの言語の文化背後にひそむロジックを学ぶ必要がある。中国人のロジックは、欧米人に近い。Why? Becauseを学ぶと、例えば、英語などの世界共通語でコミュニケーションを行っている際には、（1）英語のリズムが学べ、（2）ロジックに強くなり、（3）相互の信頼関係が生まれ、（4）対人コミュニケーション力がアップし、（5）想像が豊かになり、（6）外国語としての英語による「知的対決」を恐れなくなる。Why? Becauseとは、「知的論争（アーギュメント）」のバックボーンと言える。日本人は、論争（Argument）と聞くと、言葉のケンカを思い浮かべる人が多く、避ける傾向がある。しかし、英語のようなインド・ヨーロッパ語によるコミュニケーションにおいて、論争は避けて通れないものである。

英語で言う「エッセイ」（Essay）とは、日本の随筆のように自分の思いを「つれづれなるままに」式に書くものではない。英語の名句に“Essay is an argument.”「エッセイとは知的論争である」がある。エッセイとは、アーギュメントを中心に展開するものである。

「Why? Because」のプロセス例

「Why（攻撃する）」＝なぜか？　→相手に対して「具体例を上げよ。」
「Because（防御する）」＝なぜなら→具体例や証拠（evidence）を上げながら自己防衛をする。

証拠には、事実（fact）と理論的根拠に基づく説明である「ラショネル」（rationale）を示す必要がある。事実とは、データなど客観的に相手の目にも見える科学的根拠や、万人が納得する普遍的（universal）な根拠からなる事実のことであり、ラショネルは具体例を上げれば、次のように証明できる。AさんとBさんとの例。

（Ⅰ）A：「なぜ、毎日リンゴを食べるのですか？」（Why do you eat an apple everyday?)
B：「わけですか？　健康にいいからですよ。」（Because, it's good for my health.)

次にAは、再度、Bに攻撃をかける（例えば、実例を挙げて説明下さいなどと聞いてみたりすることである。）。Bはこれに対して、「再防衛」をするわけである。

（Ⅱ）A：「なぜ、リンゴを食べると健康にいいと分かるのですか？　その根拠は？」（How do you know it's good for your health?)
B：「私の知り合いの医者が、『リンゴ一個に医者知らず』という諺があるように、彼の患者さんで毎日リンゴを食べている人のほうが、リンゴを食べていない人より、ずっと健康だという研究報告があるとの事です。」(Because one Doctor I know once told me that "There is a proverb which says 'An apple a day keeps the doctor away.' Research also shows that patients who eat apples everyday are much healthier than those who don't eat apples.")

――というように進むのが「ストレート・ロジック」と呼ばれるものである。

日本人のロジックは、「なぜ?」に対する答えは、感情的に「誰もがそう言っているから。そう聞いているから。」であり、これは日本人同士の間では一般に通用するスタイルである。しかし、相手が異文化や多文化のバックグラウンドを持っている人に対しては、その答えだけでは相手は納得しない。なぜならば、西欧の伝統的な思考方法(発想法)は、「真実」か「事実」に基づき、しかもそれは、ストレート・ロジックによって統計、データ、もしくは他の科学的方法によって補強され、検証・実証され解明されるのが常であるからである。「証拠なき議論は無効」(Arguments without proof are invalid.)という言葉もある。この表現を覚えておくと有利である。

[2] プリゼンテーションのロジック

[a] 帰納法と演繹法のロジック

ロジックとは、「論理展開」(リーズニング)のことである。プリゼンテーションなどを行う際には、「帰納法」(induction)と「演繹法」(deduction)と呼ばれる方法がよく使用される。「帰納法」とは、いくつかの経験的事実から一般的な原理や法則を発見する方法である。「演繹法」は理論学で一般的命題から特殊な命題を導きだす論法で「AはBである」→「BはCである」→ゆえに「AはCである」という「三段論法」がその代表的なものである。図で示すと次のようになる。

国連の「七ヵ国語同時通訳」として知られるエドモンド・グレンによると、アメリカ人の論理パターンは総じて帰納型であり、一般的な原理に進める前に「事実」や「数字」を慎重に調べ、データの

図　帰納法

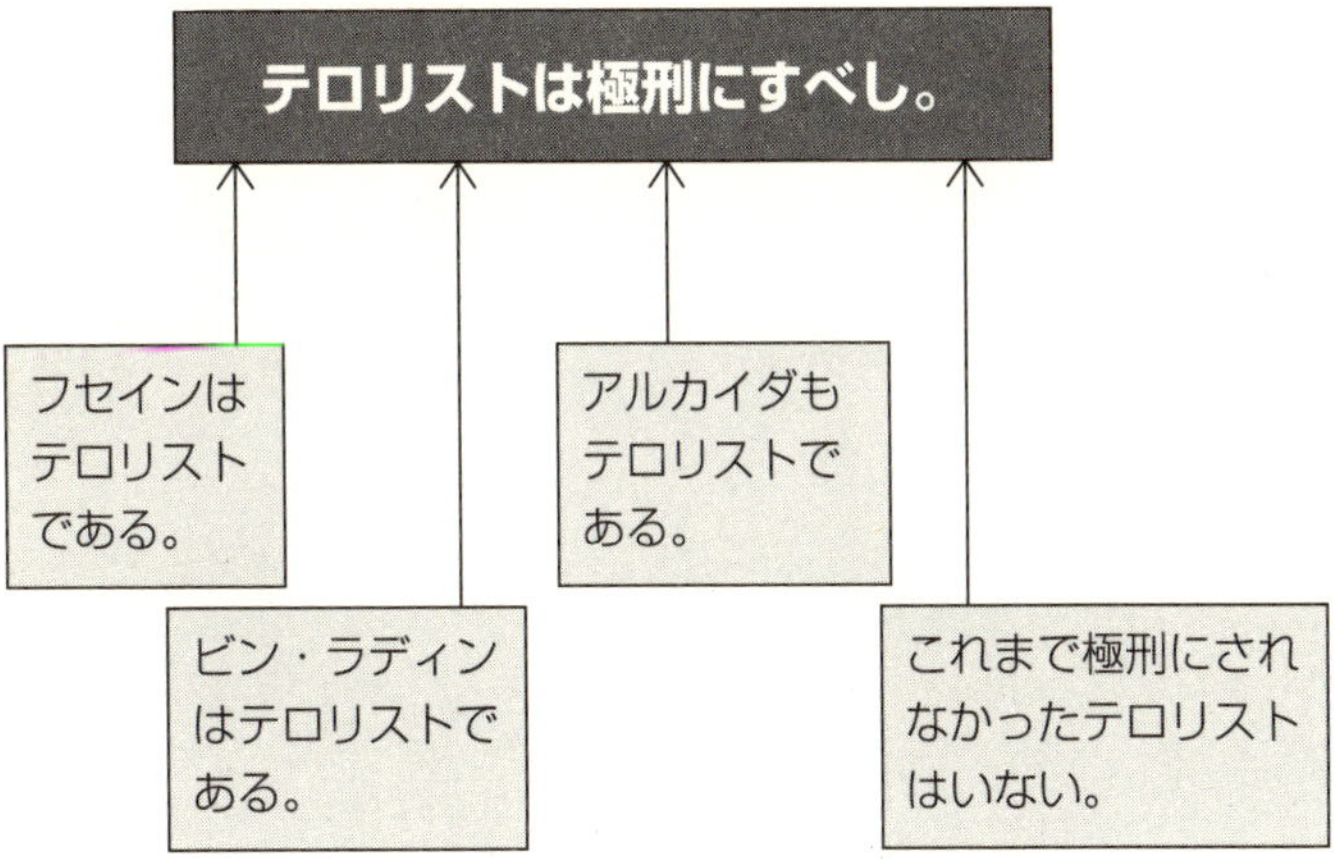
テロリストは極刑にすべし。
フセインはテロリストである。
ビン・ラディンはテロリストである。
アルカイダもテロリストである。
これまで極刑にされなかったテロリストはいない。

図　演繹法

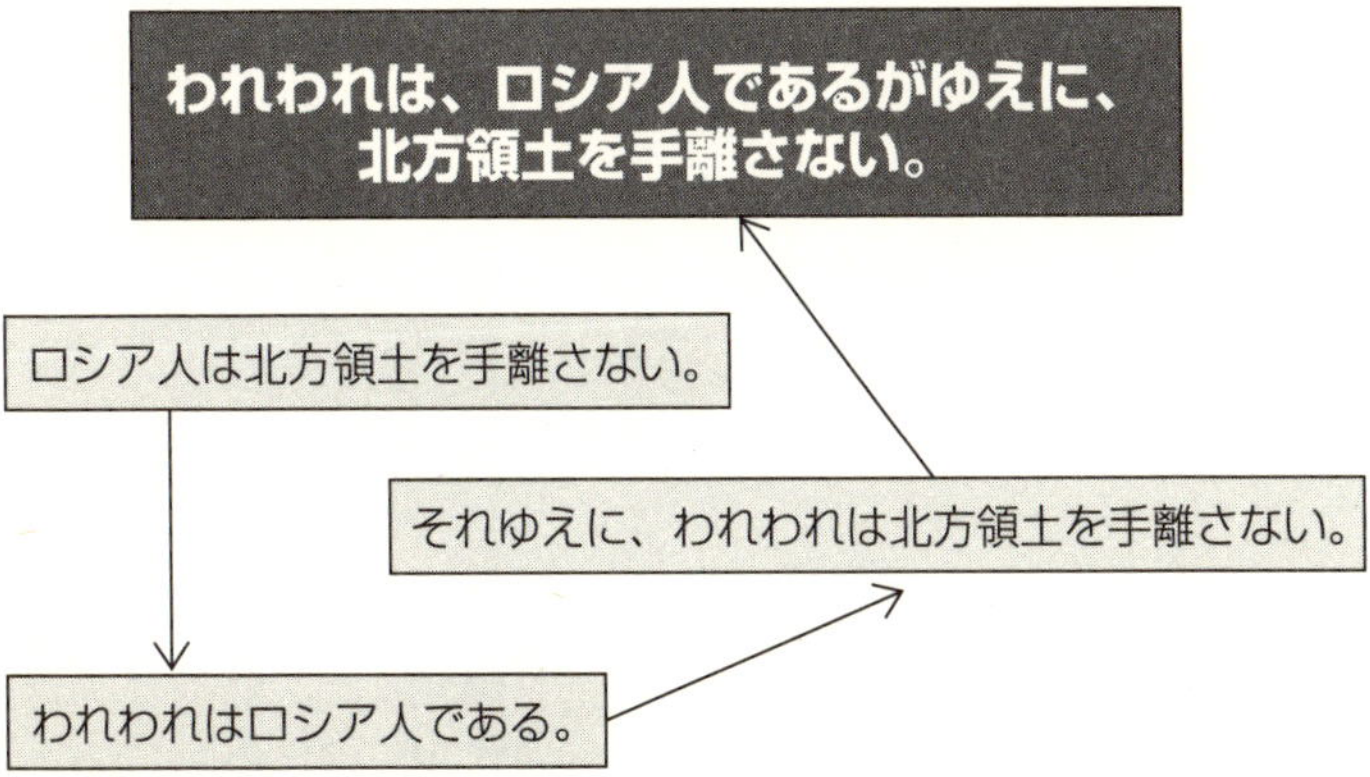
われわれは、ロシア人であるがゆえに、北方領土を手離さない。
ロシア人は北方領土を手離さない。
それゆえに、われわれは北方領土を手離さない。
われわれはロシア人である。

立証と現実体験との照らし合わせに配慮をすると報告している。

これに対して、ロシア人とフランス人は、演繹法に基づく論理パターンを使う傾向が強く、まず一般的な原理への同意が成立してから、始めて具体例に落ち着くと指摘する。

一般にロシア人は、ある行為に「帝国主義的」というレッテルをはったり、ある項目が経済問題なのか政治問題であるのかの区別に執心したりして、問題の分類には神経を使うが、いったん問題が規範別に仕分けされてしまうと、結論はほぼ自動的に導き出されることが多いようだ。グレンはまた、インド人は英語を使用しているにもかかわらず、むしろロシアやフランス型に近いという興味深い指摘もしている。

このように提示法（プレゼンテーション）の違いが、国連のような国際会議場における多文化間のコミュニケーションに絶えず影響を与えている。

一方、日本人が人前で行うプレゼンテーションの論理構成パターンは、欧米のように帰納法や演繹法のようなきちっとした型を取らず、「うずまき型」を取る傾向が多い。さらに、この「うずまき型」の中でも、（1）抽象概念（コンセプト）から始まって抽象的結論で終わるパターンと、（2）具体例の羅列に終始し、結論を下さないパターンの二通りがある。

日本人のプリゼンテーション法が、話し手の「一方通行的」な「モノログ・スタイル」（monologue）であるのに対し、欧米人の方法は、「話し手」（書き手）が「聞き手」（読み手）をつつみ込む「両面通行」に重きをおいた「対話スタイル」（dialogue）をとるのが特徴である。

［b］ プリゼンテーションの説得の方法例

ギリシャの哲学者アリストテレスの『弁論術』以来、「説得法」(persuasion)についてさまざまな分類がなされている。

例えば、説得法には主に(1)「論理型説得」、(2)「意志型説得」、(3)「感覚型説得」、(4)「調和型説得」の四つがある。(1)の「論理型」タイプの人は、頭の中にいつもハッキリした言語が流れているタイプ。(2)の「意志型」タイプの人は、無念無想になることができるタイプ。(3)の「感覚型」の説得者は、頭の中にハッキリした言語ではなく、イメージが流れているタイプ。(4)の「調和型」の人は、他の気質型のミックスした「複合型」、もしくは、頭の中を流れるイメージや言語観が強烈ではないタイプと言われている。

〔3〕 コーチングと説得法

〔a〕 コーチングとは

「コーチング」のキーワードは「コーアクティブ」(coactive)=「協働」である。「コーチング」は「ティーチング」とは違い、コーチが教師のように専門知識を持っているかどうかは問題ではない。コーチが持つ専門性とは、コーチングで何を話すかよりも、どう説得しコーチングするかということである。

なぜならば、コーチングとは、あくまで、依頼者(クライアント)が自らの夢や願望、つまり成し遂げたいことを明確にし、それらをどうやれば実現が可能となるかを探求し、または相手がそれに沿ったゴールや結果が得られるように、いろいろな側面からコラボレーター(協創者)としてサポートし、行動をうながすスキルのことである。
なお、コーチングは「自己実現」の関係とも密接な関係がある。人はコーチングのパートナーを得て、自分を認め、自分の価値の存在を認めてくれる人を得て、自分を高めていくことができる。
コーチングのコンセプトを示すと次のようになる。

（コーチング
ティーチング
共通点　指導し相手の能力を高める。
相違点　ティーチングは「画一的教育」、コーチングは「個別教育」

（コーチング
カウンセリング
共通点　聴く力が重要。質問を通して相手から答えを引き出す
相違点　カウンセリングは、過去についての「なぜ?」に重点
　　　　コーチングは、未来について「いかにすれば?」に重点

（コーチング
メンタリング
共通点　個別指導によって問題を解決。状況対応能力を高める
相違点　メンタリングは「同じ組織、職業での個人経験を基に指導」
　　　　コーチングは「対象は多様で個人経験のない分野でも可能」

（コーチング
コンサルティング
共通点　相手に情報提供し、行動指針を示す
相違点　コンサルティングは「専門分野に限定」
　　　　コーチングは「専門分野を限定せず。ユニバーサルなスキル」

（コーチング
アドバイジング
共通点　相手に客観的な助言を与える
共通点　アドバイジングは、「〜すべき」

（コーチング　相違点　コーチングは「共に・一緒に〜」
　　　　　　　共通点　資源を活用し目標を達成する
マネージング　相違点　マネージングは「現在の能力で目標達成をはかる」
　　　　　　　　　　　コーチングは、「目的達成をめざしつつ、部下の能力向上をはかる
（出典：本間正人『ビジネス・コーチング入門（ＰＨＰ研究所）』を参照）

［b］　コーチングの説得法

したがって、コーチングに必要な要素の一つに「コミュニケーション・センス」があるが、それと同じく大事な要素が「説得力」である。

キャロル・ホップランドは、説得をする上で大切なポイントを次のように説明している。

（１）　問題の肯定・否定の両方の説を示すこと。

（２）　肯定・否定の両方の説を上げる場合、自分の支持する説を、あとに述べよ。

（３）　聞き手は、話の始めの個所と終わりの個所をよく記憶する。そして、始めと終りを比べると、終わりの部分をよく覚えている。

（４）　聞き手の判断にゆだねるより、結論をハッキリと示すこと。

（５）　重要な点を話の後で何度も繰り返すこと。

［c］　山本五十六《いそろく》の説得法

コーチングの説得法として紹介したいのが、連合艦隊司令官であった山本五十六型の説得術である。五十六は、ハーバード大学留学中に身につけた実学型説得法を次のように表現している。

人を説得するには――

相手に（1）やってみせ、（2）言ってきかせ、（3）させてみて、（4）ほめてやらねば、（5）人も動かじ――と説いた。

つまり、自らが「行うこと」→「言ってきかせること」が「両輪のごとく」、どちらかが欠けていても効果的なコーチング＝説得はできないという意味である。ちなみに、アメリカの底力を留学時代に目《ま》のあたりにした五十六は、日本がアメリカと戦争をすること自体、馬鹿げていることを悟っていた司令官であった。

ちなみに、相手に行動を促すためには、次の構想を練ることが必要のようである。ジョン・ウイットモア、ローラ・ウイットウォースなどによれば――

（1）ゴールを明確にする（グランド・デザインから中小のデザインまでを探る）、（2）現実を把握する（理想ではなく、相手が現実に直面している問題を探る）、（3）ゴール達成の資源を見出す（情報、人脈、時間その他）、（4）多くの選択肢を見出す（答えや可能性は一つ以上探る）、（5）ゴール達成の意志の確認（スピリッツとプランの設定）をすることである。

［4］ディベートのベースを知っておく

ディベートとは、ある論題（白か黒か）をめぐって、肯定（賛成）、否定（反対）に分かれ、立論、反対尋問、反ばくの順序で討論し、客観的な裏付けの強弱、論理性と説得力の優劣などで、勝敗を決する「言葉のゲーム」。肯定（賛成）側、否定（反対）側は、抽選などで決められる。勝敗はレフリーが行う。アメリカの大統領選挙の際には、テレビを通して「ディベート」を行うのが恒例である。その際、テレビを見ている視聴者がレフリーの審査員である。一九六〇年の「ケネディ」対「ニクソン」ディベートでは、言語・非言語双方のコミュニケーション・パワーで勝っていた若手大統領候補者のジョン・F・ケネディがニクソンを破った話は今でも伝説となっている。

ディベートとは、いかに証明（立証）、つまり、Prove していくかの推論プロセスであり、立論後の反対尋問や反ばくでの威力を発揮する武器である。つまり、ディベートとは、

（1）定められたルール（与えられた時間、同数の人数、審査、進行方向）に従い、
（2）対抗する二組（肯定側と否定側に分かれて）、
（3）一つの議論のテーマをめぐって、
（4）Why? Because の検証をかさね、
（5）理論的・知性的判断を下し、
（6）問題解決（真理の探究）を目的とした、
（7）レフリーによって審査判定された、
（8）紳士的な両面対向（Two way）コミュニケーションである。

［5］　アカデミック・ディベートのルールを知っておく

次がアカデミック・ディベートのルールである。

（1）　肯定側立論5分

（2）否定側立論5分
（3）肯定側立論5分
（4）肯定側尋問5分。その後
（5）作戦タイム1分
（6）否定側反ばく3分
（7）肯定側反ばく3分
（8）審査判定

［ディベートの三つの共通点］

ディベートを進めてゆく上では、次の三つの共通原則も守ることになっている。

（1）肯定側と否定側の人数が同じであること
（2）両チームの時間は厳守すること（オーバー・タイムは減点）
（3）最初と最後は、肯定側が話すこと

［ディベートの基本ルール］

ディベートは、主張（結論）claimと、データ事実・証拠（because）、それに裏付けとなる推論の論拠（warrant=since）の三本柱がある。主張、データ、論拠は、ロジックを支える基本の「要《かなめ》」とも言える。

この中で、主張（結論=〜は、こうすべき「あるべき」である）は、ディベートをする本人が立証する主張であり、証拠に基づく論拠であるデータ（事実）は、結論である主張を導くための事実記録となる。

レトリック、弁明スタイル、ロジックの違いが国際問題に発展したのが、「ブリヂストン・タイヤVS.フォード社事件」、「えひめ丸事件」、「米中戦闘機事件」である。ちなみにレトリックとは「ことばを巧みにもちい、効果的に表現すること、そしてその技術のこと」である。

ギリシャのアリストテレスは、著書『レトリック』の中で「話し手」「聞き手」のうち、特に「聞き手」の重要性を指摘している。プラトンは、アリストテレスとは違い、「レトリックは聴衆の『善』意識に訴えるものではなく、むしろ『快』感に訴え、彼らに媚《こ》びる迎合でしかない。そして、真の裁きの法に対するレトリックの関係は、体育術に対する化粧法、医療に対する料理法のようなものである。」と、レトリック批判を行った哲学者である。

レトリックは――一方では「論理」イコール「実証」の補助的な技術であり、他方「説得」とは違う意味で人に訴える表現を目指すという――「文学」とも合い通じるものとなった。その相反しかねない二つの役割は、欧米文化において二千年以上も継続されることになるのである。

なお、倉田恵介氏によれば、「アリストテレスは、『レトリックはジャンルなき学問』と考えていたようである。」（『コミュニケーション学の確立に向けて――私的回想からの出発』（『異文化コミュニケーション研究』二〇〇二年三月）。

二〇〇〇年に、世界の自動車メーカーとして有名な「フォード社」の「横転多発事故」が日米間で話題となり政治問題にまで発展した。ところが、フォード社のナッサー会長（オーストラリア出身）は、多くの横転多発事故で原因が明らかになっていない段階で、事故の責任は「タイヤにあり、そのタイヤを製造したブリヂストン側にある」と報道発表を行った。

これが、「ブリヂストン・ファイアーストーン・タイヤ事件」と呼ばれるものである。しかも、フォード社側の報道発表がきっかけで、ブリヂストン側はタイヤの回収を始め、これが「タイヤ回収騒ぎ」に発展した。

加えて、事故の真相が明らかにならない段階で、ブリヂストンの小野会長がアメリカ人遺族にアイム・ソーリーで始まる「謝罪」＝「誠意」を表明した。

日本の社会や文化であれば、この「あたり前」と思われる「誠意」をシンボリックな形で示す「謝罪のコミュニケーション」が、アメリカ文化では逆に騒ぎをかきたてる結果となり、全米規模でブリヂストン批判が拡大していったのである。

米フォード社のナッサー会長は、ブリヂストン側のこの行動とは逆に、首都ワシントンにおけるアメリカ議会の公聴席で「事故の原因はブリヂストン側にある」とあくまで主張。フォード側はこの「弁明」戦略によって危機を乗り越えるわけである。

「弁明」では、罪が自己に及ばないように相手側や聴衆に対して、特に公的な場では謝罪したり非を認めない言語行動が決め手になる。だが、日本ではこの方法は「男らしくない」行為として受け止められる場合が多い。

この事件は、「自己を守るのは自分」という、古代ギリシャのレトリックを受け継ぐ米国文化が如実に表れた例といえる。

「ブリヂストン・タイヤ事件」に対して「えひめ丸沈没事件」（日本の高校生が乗った練習船がハワ

イ沖で、米原子力潜水艦によって沈没させられ、多くの死者が出た事件）の米海軍査問会議の成り行きを観察してみると、別な角度から日米文化の思考パターンや、レトリック、弁明スタイルの違いが浮き彫りにされている。

例えば、「えひめ丸」を沈没させたワルド前艦長の弁護士は、「ワルド艦長は罪になることをしていない。事故を起したのは連鎖的なミス」と断言し続けた。

ワルド船長に代わって「謝罪」したのは、駐米大使の留任期限をこの事件のために引き伸ばしたトーマス・フォーリー大使と米海軍のウイリアム・ファロン作戦副部長であった。

フォーリー大使は当初、ブッシュ新大統領就任後の二月に帰国する予定であったが、「衝突事故」への対応のため、三月末まで離任を延期した。

フォーリー大使は、「行方不明者の家族の記憶の中で今回の事件は決して終わらないだろうが、帰国を延期したことで家族と会い、大使として『謝罪』することができた」と語った。もう一人の「謝罪大使」としてのファロン作戦副部長に関しては、ワシントン・ポスト紙のコラミスト、リチャード・コーエンのように、アメリカの一部に「日本はどこまで謝罪を求めるのか」といういらだちも生んだ。

日本文化では何よりも、まず先に「謝罪」をするのが「暗黙の了解事項」または「掟《おきて》」である。すなわち、「仁義」＝「コミュニケーション行動」であることを、コーエン氏は認知していないということになる。

ところで、政治は言語の「技」を競う場ともとらえられることがある。例えば、二〇〇一年四月に米中間で国際問題に発展した「米中戦闘機空中接触事故責任」をめぐっては、アメリカ側が（1）「遺憾」（regret）に始まり、（2）「申し訳ない」（sorry）から、（3）「大変残念」（very sorry）というふうに数回の変更がなされ、妥協が成立したのである。中国側はアメリカ政府が「陳謝」したと国民に向かって説明。しかし、アメリカ側はこれを「遺憾」という言葉を使用し、「面子《メンツ》」を保ったが、双方の溝は埋まらないままであった。両者ともこの事件については一応の異文化間の紛争決着を見出したが「紛争解決」までにはいたらなかった。

とにかく、「ブリヂストン・タイヤ事件」や「えひめ丸事件」、「米中戦闘機空中接触事故責任」問題において、「謝罪」をめぐって日米間や米中間の「わだかまり」を解きほぐしてくれるのは「言葉」そのものではなく、シンボルとしての言葉の解釈と言葉以外の文化価値の研究に委ねられるといえる。これこそが、まさに「異文化間のコミュニケーション問題」といえるものである。

〔6〕 ネゴシエーション力をつける

まさに二一世紀は交渉力が必要な時代である。藤田忠（日本交渉学会会長）は「新聞、テレビを見ても『交渉』の語を目にしない日はない」と述べたことがある。それだけ対立、ぶつかり合い、それに国際紛争の多い時代である。

二〇〇三年一二月イラクのフセイン元大統領がイラク中部アッドールで拘束された。米兵に突然発見されてうろたえた際、最初に発した言葉が、「撃つな、私はイラク共和国大統領、サダム・フセインだ。『交渉したい！』」であった。これに対して米兵は「ブッシュ大統領からも、よろしくとのことだ」と、取り合わなかった。(CNNその他のニュース)。

冷戦が終わった一九九〇年までは、「ネゴシエーション」(交渉)とは、相手を言い負かすという考えが、特に欧米では主流であった。ロシアのパパラム(闘争型談判型交渉)も同様である。しかし、冷戦後では、異文化間のビジネス、商談や国際交渉においても、相手を言葉で言い負かすのではなく、自分の言い分と相手側の言い分とのメリットを示しながら、互いに満足がいき、双方によい結果をもたらす「ウィン・ウィン・ネゴシエーション」型コミュニケーションが注目されている。「ネゴシエーション」とは、「駆け引き」や「折衝」のことであり、利害がからむ争い事を意味するものであるから、ぶつかり合いを避けたがる日本人にとっては最も苦手なコミュニケーション活動の一つでもある。なぜ日本人は交渉下手《べた》なのか、異文化のバックグラウンドを持つ人々や多文化間とのビジネス、商談、それに国際舞台での交渉と向上法については、拙者『グローバル・ネゴシエーション』(総合法令出版)の一読を薦めたい。

ネゴシエーション(交渉)とディベートに必要なのは、問題分析能力と解決能力である。交渉する場合、相手側の力量、強さ、弱さの分析が大事である。それに必要なのが、「なぜ」(Why?)、「なぜそれについて分るのか?」(How do you know?)の理論である。

ハーバード大学ロー・スクール名誉教授のロジャー・フィッシャーも交渉の分析には、(1)「問題は何か?」(What is the problem?)、(2)「問題の源はどこか?」(Where does the problem arise?)、(3)「問題解決の戦略、処方箋は何か?」(What are the possible strategies or prescriptions?)、(4)「問題解決のための有効的方法は何か?」(What specific steps might be taken to deal with the problem?）のステップを踏む事が必要と指摘している。

問題解決のためには5W1H（What, When, Where, Who, Why and How?）が明確にされなければならない。立論「なぜならば」（Because）を立てる側は、この5W1H攻撃を受けることを覚悟する必要がある。立論を作りながら、否定側の「なぜ」（Why?）の「それがなぜ機能するのか?」（Why does it work?）、「どうすれば、それが機能するのか」（How does it work?）という疑問を頭に入れておかなければならない。

もし、肯定側（Because）が問題の存在を認め、対抗プラン（counter plan）で攻めてきたら、相手側も立証（Proof）の責任を負わねばならないので、逆襲も可能である。

以上のように、交渉の際のディベートもキャッチ・ボール式に行うトレーニングが必要である。「あなたが、真実（事実）と言っている事柄が、なぜ真実（事実）と言えるのですか? それを立証下さい」

「そのわけは?」（How come? Why?）「そのわけは」（Because）に関しては、話しているテーマの内容が専門的になればなるほど、その専門分野の権威者（an authority）の信頼しうる発言や科学的なデータや統計が重要な決め手となることも忘れてはならない。また、「統計結果」も「普遍的」（ユニバーサル）に通用するもののほうが良い。なぜならば、統計にも「質」があり、英語にも「ウソつきは、統計数字を使用する」（Liars figure）という諺もあるので、統計数字が信頼しうるユニバーサルな証拠かどうか疑問を持つ姿勢が必要である。

自分の意見に信憑性がない場合には、「これは私の推論です。推測で言っているだけです」（I am

speaking from inference.）というほうが妥当である。

国際交渉の専門家であるマイケル・ブレーカーは「日本人のスピーカーは、自分の主張に基づく推論を、あたかも、真実や事実のように話す傾向が強い。この一見些細なことが、ディベートに慣れている諸外国の異文化バックグラウンドを背負った人々とコミュニケートやネゴシエーションをする場合、誤解を生む結果につながる。」と指摘している。ブレーカーによると、「それは、私の推論です」（That's my inference [assumption]）という表現を使うと、グローバル・コミュニケーターやネゴシエーターとしての第一歩を踏み出せるとのことである。

［7］話し上手のポイントを知る

CNNの「ラリー・キング・ショウ」のインタビュアーとして知られるラリー・キングによれば、話し上手になるには以下の四点が必要であるという。このアドバイスは、対異文化・多文化コミュニケーションの際にも必要な条件である。

（1）ありのままでいこう

（2）「積極姿勢でのぞむこと」（一歩踏み込むこと）

（3）「相手に興味をもとう」

（4）「自分を飾らない」

それ以外のことで注意すべき点として、筆者は「アクティブ・リスニング」を加えたい。

（5）「アクティブ・リスニング」

相手の話に注意しながら、感情も導入しながら聞いているか？　アクティブ・リスニング（active listening）とは、ただ人の話を機械的に聞くポライト・リスニング（polite listening）ではなく、相手のメッセージに集中し能動的に耳を傾けていることである。「話し上手は聞き上手」というのは、世界共通の原理である。

次に一歩進めて、対人コミュニケーションで見逃されている「クリティカル・リスニング」を探ってみよう。

［8］　科学的な「クリティカル・リスニング力」の八つのポイント

人の話を聞いている時、新聞、雑誌、その他を読んでいる時、「事実誇張」や「不正確」な言葉（言葉の落とし穴）を判別するためには、次の八つのポイントに注意すればよい。それによって、言葉に対する科学的な分析能力が培われ、効率のよい対人コミュニケーションに発展する。

（1）「事実」と「推論」を区別する。例えば、「〜らしい」ということは、「……だ（である）」とは異なる。これを混同したり同一視したりしないよう、注意が必要である。

（2）時（いつ）、時間のない言葉や文に注意する。いかなる言葉でも、時と時間のないものは、相手に誤解されたり、錯覚を与える不正確な地図と同じある。例えば、「アメリカ人はおしゃべりである」と「私が昨年6月にシアトルで会った、あるアメリカの婦人は、おしゃべり好きであった」とでは、意味が違ってくる。

（3）場所のない言葉にも注意すること。これも不正確な地図である。「彼は雄弁だった」という表現も、どこで、雄弁だったのかを明確にしなければ人を混乱させる。

(4) 誰、どれ、何を具体的にハッキリ指摘する。包括的な(2)のような、特に「アメリカ人は…」「アラブ人は…」「労働者達は…」などの類似点を強調する言葉は便利であるが、これらは時として極度に単純化された「ステレオタイプ」(紋切り型の固定化されたイメージ)となり、それが原因で国際紛争にまで発展する場合もある。例えば、「すべてではないが、多くのアメリカ人はおしゃべりだ」(Many Americans, if not all, are talkative.)、「私の知っている幾人かのインド人は、タフなネゴシエーターである」(Some of the Indians that I know, if not many are tough negotiators.)と「インド人は、タフ・ネゴシエーターである」(The Indians are tough negotiators.)とでは、意味が違ってくる。コミュニケーションを多文化の人々と効率よく行い、誤解を少なくするためには、こうした表現は避けるべきである。つまり、話し手も、聞き手も、包括的な言葉を意識する必要がある。

(5) 「私には」、「自分には」を使う習慣をつける。例えば、「おいしい」「まずい」「生意気だ」「不注意だ」というような「価値づけ」の判断は過去の経験、環境、もっている目的などによって大きく異なる。あくまで、個人単位のものであるという自覚が必要である。

(6) 「自分の知っている限りでは…」をつける習慣をつける。つまり、人間はすべてを知ることは不可能であることを十分意識する。

(7) どの程度ということもハッキリさせる。「彼の仕事は将来性がない」という表現は、非常に誤解と曲解を抱かせる。どの程度なのかを明確にしなければ、「まったくダメ」という錯覚を与えるからでえある。モノサシの目もりを示す必要があるわけである。

これらの聴き方は、特に「人物の評価をするとき」、「文化の比較をするとき」、「問題を解決したいとき」に役立つポイントである。

ラリー・キングも次のように述べている。

「聞き方こそが、対話式コミュニケーションの基本ルールである。話している時は、何も学べない。話し上手になるためには、聞き上手でなくてはならない。」また、「聞き上手とは、相手の発言に興味を示すだけにとどまらない。注意深く耳を傾けていたら、それだけ反応もよくなる。つまり、自分の番になった時に上手に話せるわけだ。相手の発言に対して受け手の的《まと》を射た質問は、会話上手の証である。」と。

（8）「分析的に聞く」。コミュニケーションを行う際、常に人の話に耳を傾け、相手にも話すチャンスと質問させるチャンスを与えることに気配りをすることは大変重要なことである。そして、その気配りをスムーズに行うためには「分析思考」を基にした聴き方を心がけなければならない。この聴き方を培うには、話し手や新聞の内容が、（1）「報告文」（観察に基づく文）なのか、（2）「記述文」（ありのままの価値判断のない表現。「いつ」「どこで」「誰が」「何をした」などの文）なのか、（3）「価値判断文」（それは、「良い」「好ましくない」という価値判断の入った表現）なのか、（4）「推論」（～ではないのか?）なのか、（5）「定義文」（～用途や特徴が定義された文）なのかを区別する必要がある。次の四つの文例のいずれかが（1）～（5）に当てはまる。

［1］　犬がほえている。
［2］　犬は健康である。
［3］　犬は人間の最良の友である。
［4］　犬は四つ足の動物で、ほえる。

これらの文は、すべてが「犬」という主語で始まっている。にもかかわらず、それぞれの文脈を分析すると、各文はそれぞれ異なっていることに気づく。

［1］　は、観察についての記述なので「記述文」（descriptive sentence）、または「報告文」と呼ばれるものである。観察者の個人的な主観は入っていない。しかし、「犬がさみしそうに、ほえている。」などとなると、「さみしいか、さみしくないか」は観察者の主観が入っているので、ありのままの文、すなわち「記述文」とは言えない。

［2］　の文は「推論文」（inference/hypothetical statement）である。なぜなら、「推論文」とは、「事実ではない」ので、犬が健康かどうかは科学的に裏付けされたデータなどによって「証明」されなければならない。

［3］　は「価置判断文」であり、自己の価値判断の入った言明である。なぜなら、ある人にとって犬は最良の友であっても、他の人にとっては猫が最良の友の場合もありうるからである。

［4］　は「トートロジー（定義文）」（用途や特徴を定義する文）と呼ばれている。トートロジー文は、現実の観察（記述）に対して、吟味したり、あるいは「自分の好き・嫌い」の評価である「価値観」（断定）に即して、吟味するのではなく、犬の「用途」や「特徴」を定義するからである。そし

て、実際の「対話」にはこの四種類の文が入り混じっているので、ミス・コミュニケーション（communication breakdown）になってしまうわけである。日頃から対人コミュニケーションにおいては、以上の四点に注意し、分析しながら相手の話に耳を傾ける必要がある。

［9］　文化間のコミュニケーション・スタイルを知る。

異文化とのコミュニケーションがやっかいな理由は、文化のバウンダリー（国境）を越えなければならないからである。異文化の文化バックグラウンドを持つ人を相手にコミュニケーションをする場合、どうもしっくりこない、自分の思うように運ばないという経験を持つ人が多い。その原因は、異文化や多文化間のコミュニケーションの流儀やスタイルの違いによることが多い。

各文化には、一般の人と同じように、文化特有のしぐさ、話し方、単語の選び方、話の運び方、謝り方、討論の進め方、物事の決め方など、各文化がある程度一定の共有された特徴を持っている。それらのほとんどは非言語コミュニケーションの領域に発見できるものであり、自文化の人々は自分達のコミュニケーションスタイルは、主に「無意識」の内に身につけてしまった流儀なので、それについて気づかない場合が多い。他の文化圏の人々から自分達の無意識の行為や行動パターン＝コミュニケーション・パターンについて言明された時に、初めて気づくものである。

例えば、次のディーン・C・バーンランドの事例は、アメリカ人と日本人の対人異文化コミュニケーションの違いを見事に物語っている。

日本人とアメリカ人の集団が話し合っている場面を観察すると、それぞれの話し方に特有のものがあることに気がつく。一方のグループは、お辞儀をして名刺を交換している。そして、話す時は静かに話し、多くの場合控え目に表現している。はっきりした「ノー」はめったに聞けない。話も相互関係や上下の微妙な相違に適合するようになっている。人々は互いに距離を保ち、手を下におろしたまま話し、まれにしか笑わず、笑う時には控え目に笑う。他方のグループは、握手しながら話し始める。「ノー」という単語は「イエス」と少なくとも同回数かそれ以上聞こえてくる。身分の区別に少しでもこだわることに対しては、我慢できないし、姓のかわりに名前を呼び捨てにすることが、しばしばある。対話者たちは自分の発言を補強するために相手にさわったり、たびたび、しかも大声で笑い、ほとんど一言ごとに手振りでそれを強調している。

（ディーン・C・バーンランド『日本人の表現構造』サイマル出版）

これは、日本人とアメリカ人のコミュニケーション・スタイルの客観的研究の一例である。バーンランド氏は鋭い観察力の持ち主である。多文化間のコミュニケーターを目指す人にとって大事なことは、相手文化の言語・非言語メッセージの特徴を解読できるか否かである。それには鋭い洞察力と観察力を培う必要がある。「舞台の上から演技する側ではなく、舞台の下から演技を観察する一観客になれ」と言われる理由はそこにある。

〔10〕　自民族・自文化中心主義に陥らない

自民族・自文化中心主義、エスノセントリズム（ethnocentrism）とは、ある民族集団や国民がもつ自己正当欲である。一国中心主義（ユニテラリズム）も、エスノセントリズムの一形態ともいえる。

エスノセントリズムの水面下に沈むものは、個人が本能的に持っている自己正当欲である「エゴセントリック」（自己中心主義）という心理的態度と機能である。

これが民族主義・国家主義、つまり「ナショナリズム」に発展した場合は危険である。例えば、アジアのある国で起きた「マクドナルドは出て行け！」のような排斥運動なども理性に基づくものからではなく、感情面で群衆心理をあおったナショナリズムの一形態である。

自民族・自文化中心主義の対極にあたるものがペンシルバニア大のパールミュッターが提唱した地球中心主義・コスモポリタン主義、すなわち「ジオ・セントリック・マインド」や文化人類学者のルース・フルトン・ベネディクトやメルビール・ハースコビックが唱えた「文化相対論」である。

ハースコビックは、一九七二年に"Cultural Relativism"（文化相対主義）の中で、「すべての文化には、平等の地位と正当性が与えられなければならない」と主張し、反響を得たのである。「文化相対論」とは、世の中を自分だけではなく、他の人の目を通して見据えるという「共感性」とも関係がある。共感性を持っている人は、他人の感情や考え方を理解し、自らを他人の立場において学ぶことのできる人物のことである。

例えば、「ジオ・セントリック・マインド」の持ち主は、「文化相対論」的指向を持った人物であり、国籍や他の文化に対する偏見が少なく、グローバル・ゲームの要は相互自立依存であることを理解し、言語や文化の異なる同僚やスタッフと共に国境をまたいで仕事を行えるタイプの人でもある。

国際企業マインドに喩えれば、次の四つのタイプの企業に分類できる。

●ジオセントリック（地球中心主義・コスモポリタン主義）やグローバル企業——国によって異なる

図　4タイプのコミュニケーター

ドメスティック（国内中心）型・コミュニケーター

インターナショナル（国際）型・コミュニケーター

リージョナル・ポリセントリック（地域・現地主義）型
コミュニケーター

ジオセントリック（地球中心主義）型
マルチカルチャー（多文化共生）型
コミュニケーター

ビジネスのシステムや慣習があることを認め、尊重し、なぜそれらの違いがあるのかを理解する企業のこと。異なる国の文化、それに組織文化を持つマネジャーと従業員がコミュニケーションを行い、意思決定をとるか考え、お互いが学び合うクロス・カルチュアルな側面の教育も重要視する。

●ポリセントリック（現地中心主義）＝多国籍企業――異文化において、現地の従業員をよく知っており、現地国籍の人を現地法人の主たるポジションに人材活用する企業。

●リージョンセントリック（地域中心主義）＝地域型企業――地域の組織や特色を生かそうとする企業のことである。しかし、グローバルなスケールでの統合が弱い場合もある。その際には、地域間でビジネス上の利権や資源をめぐってのトラブルや組織内の対人コミュニケーションの摩擦なども起りやすい。

●エスノセントリック（自文化中心主義）＝国際企業――本社志向が強く、インターナショナル・カンパニーと名がついていても、本社従業員は自国人のみで構成されている場合もある。本社国籍の人材が国際要員として採用されるため、現地の文化を寛容な態度で受けとめたりできず、現地の人々との間の対立やトラブルの発生も多い。

[11]「ステレオタイプ」「ネガティブな偏見」に注意せよ

ステレオタイプは、エスニック・ジョーク（民族間のジョーク）に見られるように、国民性について頭の中でレッテル化されたイメージに基づく固定観念とその態度のことである。87ページの図は、よく使用されるフランス人とアメリカ人が互いに抱いているステレオタイプ図である。一般にはフラ

図　海外滞在者の精神安定度

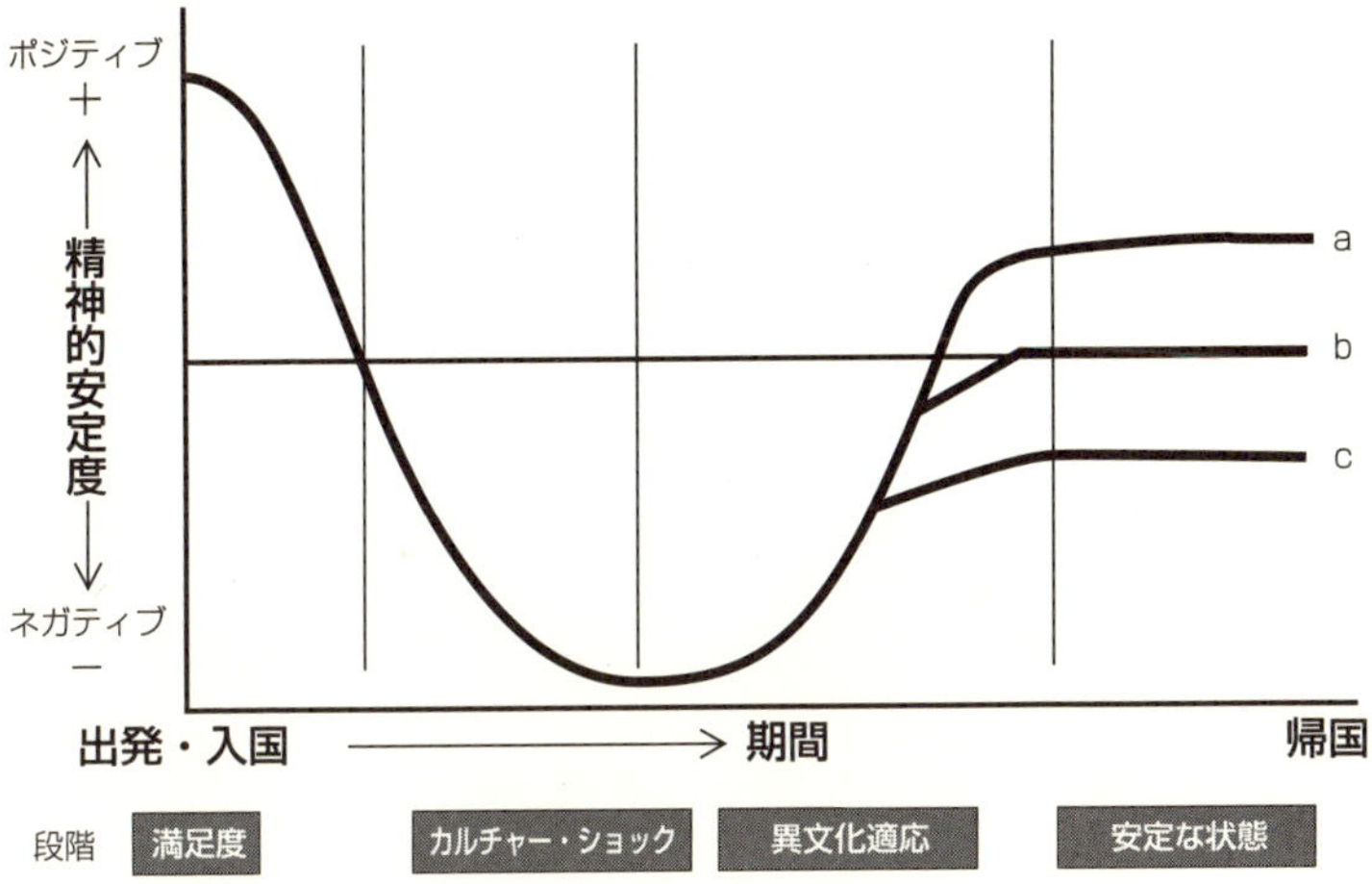

ホフステッドの異文化適応の「U型曲線」に基づく。

図　相手の文化や文化価値について（ベネット・モデルを参照）

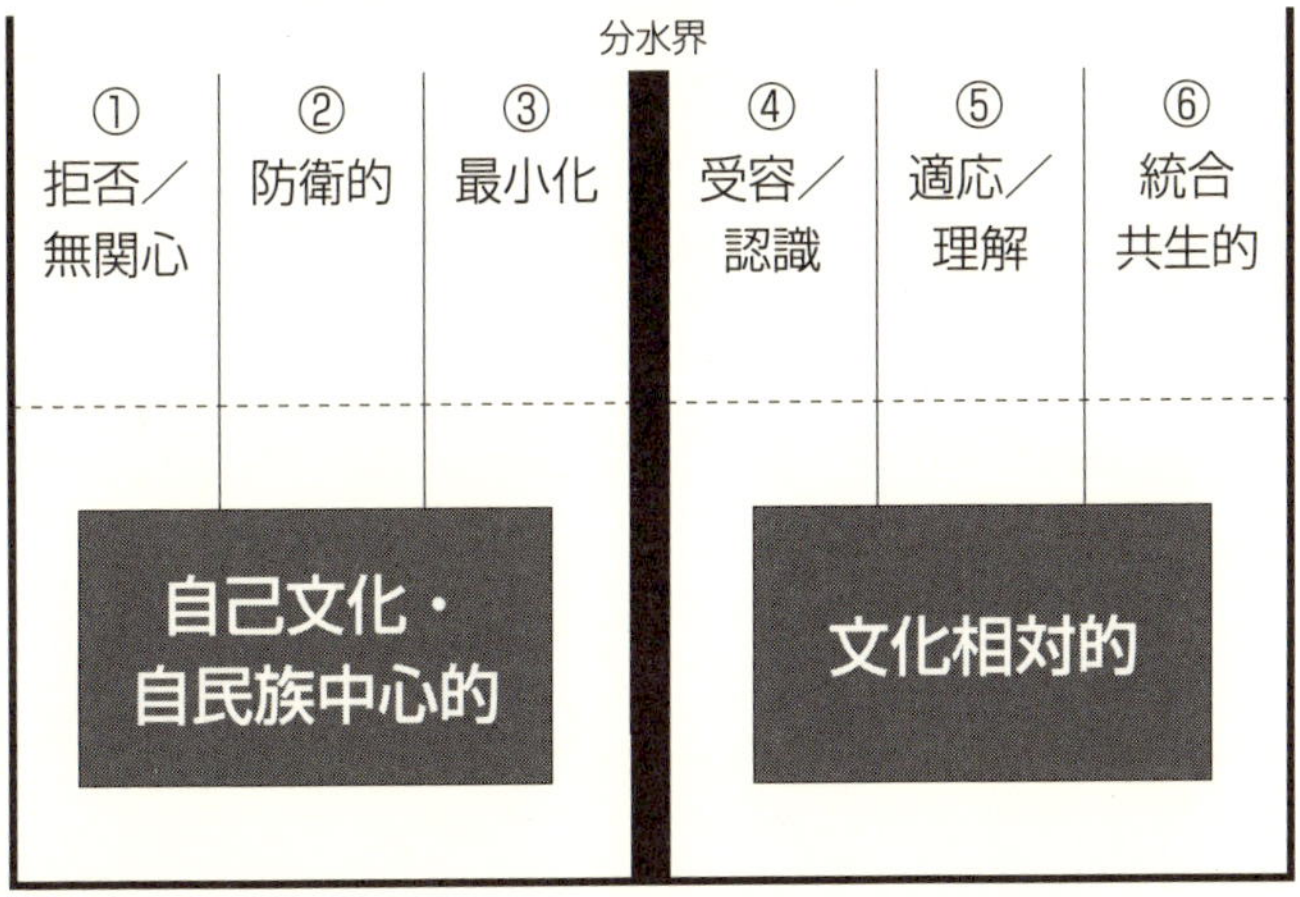

ンス人とアメリカ人は、水と油というステレオタイプがあるが、実際には、それはイメージだけであって、文化的には互いに重なる共通点も多い。

誰しもステレオタイプを持っているのである。その役割は、集団やグループのメンバーをカテゴリーに分けて、それに基づいて行動や状況を説明したりすることである。ステレオタイプ化すること自体は悪くはない。

では、「偏見」とは何か？「偏見」とは、頭の中に描かれている固定観念（ステレオタイプ）とは違い、「実際に根拠や理由なく、相手の集団やメンバーを、こうであると決めつける事で、相手を（自分や自分の属しているグループ集団と比較した場合、）不合理な状態に位置づける『思い込みの態度』」と言える。

例えば、他の民族や人種、それに宗教に対して強い偏見を持っている人物を、英語では「ビゴット」（bigot）と言う。ただし、「人種偏見」は、われわれが食べ物（カエルを使った最高のフランス料理など）、その他日常の必需品である衣類から、果ては職業などに対して持っている偏見である「バイアス」（bias）とは違い、「プレジュディス」（prejudice）と呼ばれるものである。「プレジュディス」は、民族や人種差別主義者である「レイシスト」（racist）と同じ強さの意味を持つ。人種・民族や階級に対しての差別には、「ディスクリミネーション」（discrimination）、「分離・隔離」には「セグリゲーション」（segregation）が使用される。これらの用語の使用については、十分な注意が必要である。

したがって、「偏見」が誤った信念に基づく固定化された「否定的」な態度であるのに対し、「ステ

図　正規分布としての文化

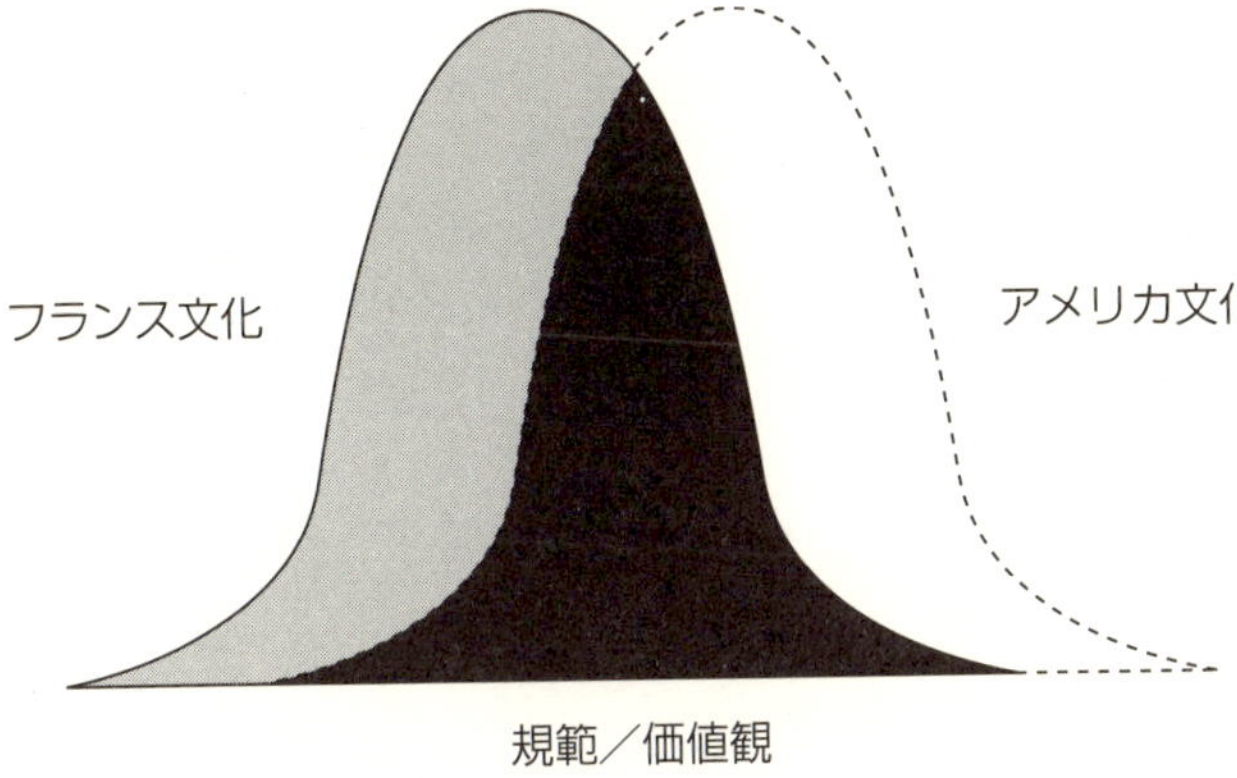

図　文化とステレオタイプ

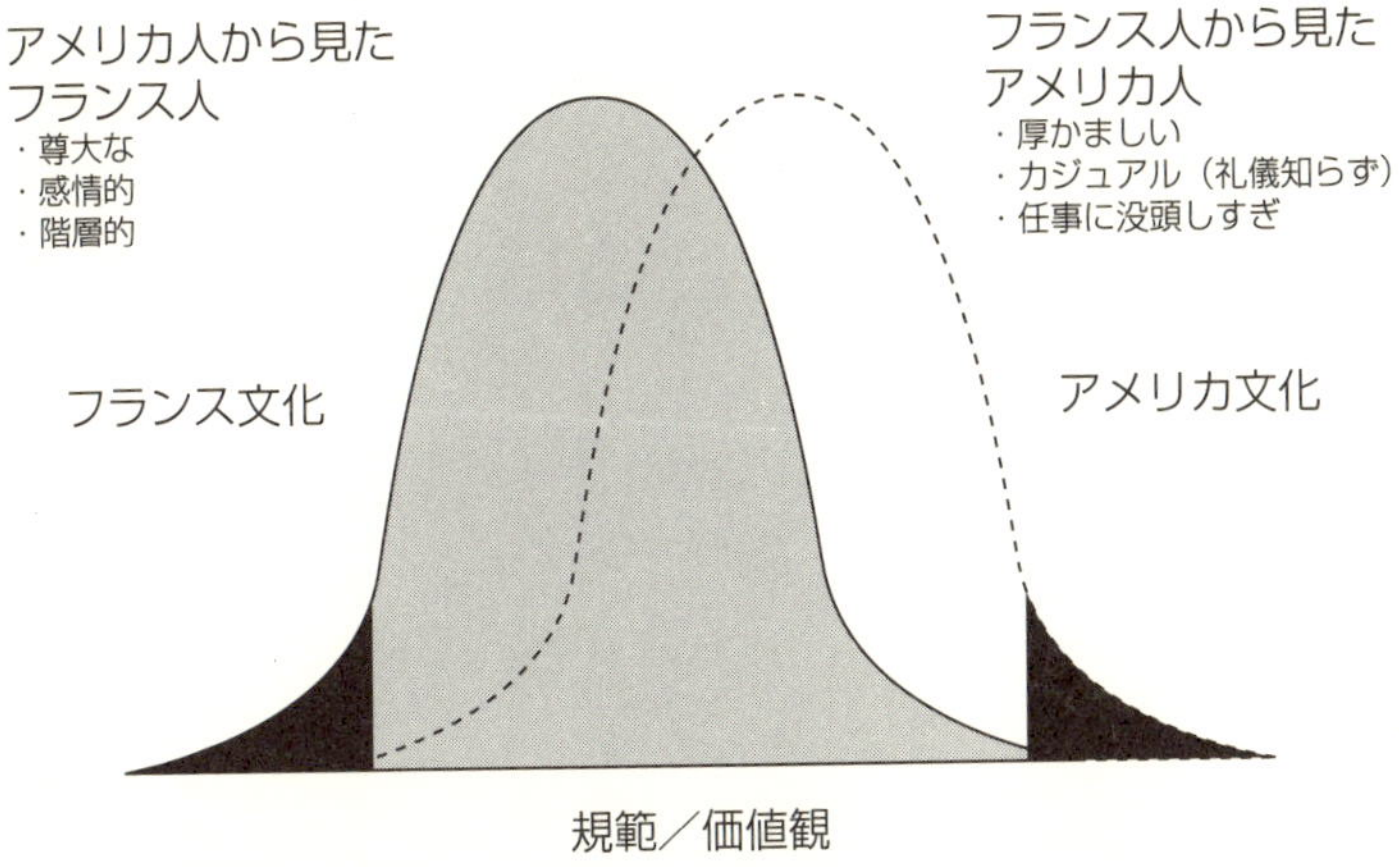

出典：Trompenaars&Hampden Turner,
Riding the Waves of Culture, N.Y.McGraw Hill, 1998参照

レオタイプ」はカテゴリー化に関係することなので、必ずしも否定的とは言い切れないのが特徴である。ただし、問題は、ステレオタイプが「無知」から極端に「単純化」された場合には、「短絡思考」や「鏡のイメージ」、それに過度に否定的な「ネガティブな偏見」につながる傾向がある。多文化間コミュニケーターの一つの条件は、否定的なネガティブな偏見を捨てることにある。

コミュニケーション学者でポーランド生まれのアルフレッド・コージブスキーやカナダ生まれで日系アメリカ人であるS・I・ハヤカワは指摘する。「〜人は〜である」、つまり反日感情などをあおるプロパギャンダ、「日本人はエコノミック・アニマルである」などのように「個人差」を無視した発言は、否定的なステレオタイプであり、時には挑発的な発言として受け止められ、国家間の紛争問題や戦争にまで発展する危険性もある。「言葉は使い方次第」(Watch your language!) である。

〔12〕 コンテクスト力を培う

話し言葉（verbal/spoken language）やノン・バーバルなコミュニケーションにおいては、TPO（時・場所・状況）に基づいた「意味の形成場」ともいえる「コンテクスト」の状況分析が決め手となる。これは、対人コミュニケーションの際の社交性などにも関係する。

文化人類学者のエドワード・T・ホールは、「文化はコミュニケーション」であり「コミュニケーションは文化である」と、両方の密接な関係を提唱した。つまり、コミュニケーションは文化の存在と機能を可能にするということである。ただし、「コミュニケーションの大部分は文化であり、すべてではない」という見方もある。

ともあれ、われわれは社会のメンバーとして、対人コミュニケーションによって文化の習慣や話し方、振る舞い方などを習得し、文化を通して適切なコミュニケーションの伝達方法やパターンを学ぶのである。ちなみに、コミュニケーションの中核（nucleus）はシンボルである。シンボルとは情報を伝えるサインのことであり、言語（language）のみならず、アクション（actions）や物体（objects）などの要素を含んでいる。コミュニケーションに不可欠な言語、アクションなどのシンボルが各文化によってどのように生み出され、コミュニーケーター同士に共有されるのであろうか。動物にもコミュニケーションが存在する。鳥やサルやオオカミなどは鳴き声によって仲間に危険を知らせたりする。しかし、シンボルを生み出し、それを操縦する能力をもっているのは人間だけである。また、動物の中で声を出して笑うことができるのも人間だけである。コミュニケーションの「潤滑油」である「ジョーク」を生み出し、他の人々を笑わすことができる能力を備えているのも人間だけである。ただし、ジョークの使われ方、解釈の仕方は文化によって異なるから文化間の理解に食い違いが生じ、摩擦や戦争まで生んだりする。

したがって、以下ではまず、異文化間のコミュニケーション、すなわち各文化の人々の行動様式や思考パターンなどをどのようにしてとらえ、観察すればよいのか、また、その方法にはどのようなものがあるのかなどについて見てみたい。

まず、文化背景の異なる人々の行動パターンを見分ける一つめの方法は、文化人類学者などがフィールド・ワークなど現地調査を行う時に使用する方法を参考にすることである。例えば、自らが他の文化に身を賭けて入り込み、複眼的に観察したり、インタビューを重ねたり、アンケート調査を行い、データを記録する方法である。これが「パティシパント・オブザーバー法」(自らが参加し、観察や分析を行う法)と呼ばれるものである。自文化と異文化との狭間での出会いや生活経験を通して行うものである。他の文化と絶えず接触しながら、異文化の影響を受けたり、また影響を与えたりするので、文化ショックを受けることが多い。また、毎日の生活が試行錯誤の連続と受けとめたほうがよい。

日本においても、身近な隣人として異文化を持つ他者に接し、観察することから、異文化にどう対処したらよいかなど(how to communicate)の方法や、一見同一的に見える世界の背後にあるさまざまな文化価値の違いや類似点を学ぶことも可能である。

二つめには、フィールド・ワークができない場合には、文献や資料、ケース・スタディ(事例研究)などを中心に行う方法である。それらから得たデータや知識を基に自己の文化と他文化、他文化と他文化、または多文化(multi cultures)間のコミュニケーションや行動パターン、思考パターンと比較・対照を行う方法である。ただし、この方法で行う比較・対照法には落とし穴もある。例えば、対象物なら対象物を、対立的に「二分類法」でとらえ、解釈してしまう点である。この方法は、時として「ステレオ・タイプ」を増大することになり、結果的に否定的な民族や人種のイメージが形づくられることにもなる。例えば、「日本人はおとなしく、アメリカ人はおしゃべりである」などのような「二項対立」的なイメージだけが一人歩きする場合が多いので、この点には注意すべきである。

いずれの方法においても、われわれが異文化について知り、認識することができ、自分の文化そのものについても知ることを深めたり、新発見をもたらしてくれることを忘れてはならない。

三つめが、一つめと二つめの両方を基に、フィールド・ワーク、すなわち「書を持って外に出る」

方法である。

エドワード・T・ホール（文化人類学者）は、文化とは人々によって共有された「行動プログラム」＝「コミュニケーション」を意味すると述べた。同じ文化のメンバーは単に同じ情報を共有するだけではなく、記号化し記憶して（例えば、日本語なら日本語という言語を通して）、付き合い方、コミュニケーションする方法や「意味の形成」方法も共有しているという。しかし、ホールはこれらの方法は文化によって異なるとも指摘した。

ホールはアジアと欧米との物の見方、考え方、それに価値観を以下のように対比している。この方法は文化の特徴を知る上で一つの参考材料になる。

ハイ・コンテクスト文化とは、どちらかと言えば「アナログ型」文化であり、話し言語より、お互いが言葉以外の「察し」や「アー・ウー」、「一を聞いて十を知る」などの方法で理解できる文化のことである。日本文化やアラブ文化やフランス文化などがそうである。それとは反対に、ロー・コンテクスト文化とは、「デジタル型」文化であり、お互いの情報が共有されていないため、お互いが対人コミュニケーションの際に「あーでもない。こーでもない」といった論争や議論を重んずる「話し言葉」（Verbal language）に頼らざるを得ない文化である。アメリカや北ヨーロッパ文化がこれにあたる。

ハンガリー生まれのコミュニケーション研究家J・ヒダシは、ロー・コンテクスト文化の多様性について以下にまとめている。
（1）「るつぼ型文化」（melting pot culture）と呼ばれるのがアメリカや旧ソ連などであり、（2）

「サラダ・ボール型」（salad-bowl culture）とみなされるのが、ヨーロッパ諸国であり、（3）が「パッチ・ワーク型文化」（patchwork culture）と呼ばれるのが、旧社会主義諸国の「東欧のサラダ・ドレッシング型文化」（salad dressing culture）である。（「統合化の中のアイデンティティ」神田外語大、異文化コミュニケーション研究所主催「異文化夏季セミナー」資料。二〇〇三年九月一四日）

ハイからロー・コンテクスト文化の狭間にある日本文化

ところで、従来はロー・コンテクスト文化と見なされていた日本文化は、二一世紀に入り次ページの対比表の中間寄りに位置づけられてきている。日本人のコミュニケーションは、これまでのように「モノ言わずとも通じ合える」ハイ・コンテクストではなく、アメリカや北ヨーロッパなど多くの多民族社会のようなロー・コンテクスト文化に移行中といえる。

現代のように世代間によって情報量が異なる時代においては、同じ日本文化で育った者同士でありながら、価値観が多様になってきているからである。二一世紀の日本は、もはや同じ文化の価値を共有する人々の集まる文化ではなく、多様な文化をもった人々の集まる多文化社会、「マルチ・カルチャー・ソサエティー」と思ったほうがよい場合がある。したがって、日本はもはや同じ文化のバックグラウンドや文化価値を共有する人々の集まる文化ではなく、多様な文化を持った人々の集まった「多文化社会」と思ったほうがよい。

このような多文化社会においては、これまで以上に自分の考えや、気持ち感情を他人に対して伝えていかなければ、理解してもらえない時代に突入した。高蔦幸広氏が『自己表現力を磨け』の中で述

図　異文化の人々の行動パターンの解読法

ハイ・コンテクスト文化	ロー・コンテクスト文化
職務記述書がない No job description	職務機能がマニュアル化されている Job description
機能分担が不明確 No clear-cut delineation between functions	機能分担が明確 Clear-cut delineation between functions
機能は役割重視 More role oriented than functions	機能と役割は同じ Functions and role are the same
職務は人に合わせる Bring job to person	人を職務に合わせる Bring person to job
ジェネラリスト志向 Generalist-oriented	スペシャリスト志向 Specialist-oriented
調和と協力 Harmony & Cooperation	対決と競争 Confrontation & Competition
調整の必要が大きい Greater need for rotation	自己主張の必要大 Greater need for Self assertiveness
意思決定も集団のコンセンサス Decision emerges & done by consensus	意思決定は自己が行う Decision be made personally
多能力開発 Multi-skill development	単能力開発 Single skill development
長期的利益 Long-term benefits	短期的利益 Short-term benefits

べているように、「自らが発信型の人間にならなければ、相手はあなたの気持ちや考えをわかろうとはしないし、理解してくれないのである。」そこで、重要になってくるのが「自己表現」である。これは、説得法にも密接な関係がある。上手な自己表現をするためには、まず無意識の内に身につけてしまった自己表現についての実態を知ることが必要である。この際、次のチェックリストが参考になるので試してみてはどうか（日本交渉学会研究資料）。

項目（相手とコミュニケートする際）	イエス	ノー
(1) 職業や自分に合った服装をしているか		
(2) 髪や服装の乱れはないか		
(3) 体は相手にまっすぐ向いているか		
(4) 背筋を伸ばしているか		
(5) 目ざわりな動作をしていないか		
(6) 明るい表情で話しているか		
(7) 視線は相手に向けているか		
(8) 力強い声で話しているか		
(9) 話すスピードはちょうどよいか		
(10) ものの言い方がハッキリしているか		
(11) 話の間《ま》は取れているか		

(12) 変なアクセントやイントネーションはないか
(13) 気になる言葉グセはないか
(14) 相手に合った話し方をしているか
(15) 言いたいことを明確に伝えているか
(16) 話の組み立てはうまくいったか
(17) 話の進め方はスムーズにいったか
(18) 的確な比喩や、たとえ話ができたか
(19) 視覚に訴える話ができたか
(20) 相手の感情に訴える話ができたか

以上である。何度かチェックを重ねれば、これまでの自分の自己表現の仕方を知ることができるので、後はリストで「ノー」と答えた項目を直していけば良いだけである。自分が身につけた癖（コミュニケーション・スタイル）は直らないので、意識的に変えていく努力が必要である。

「文化によって組織内コミュニケーションが異なる」と述べたのが林吉朗氏である。例えば、独特の企業文化といえば、米国では、ヒューレット・パッカード（HP）があげられる。HPはかつてシリコンバレーの草分け企業であった。同社は組織としての信条、ビジネスの指針、日常の実践という「明示型コミュニケーション」を世界の社員に配布した。

それによれば組織内コミュニケーションの会社と社員の基本的関係について「創造力に富み、有能

な人たちによって魅力的な職場を提供し、適切な評価を行う」とした上で、具体的なメソッド（方法）を、（1）「最大限の自由度を各個人に与えることにより、イニシアティブと創造力を大いに発揮してもらう」と明示している。（2）管理職の役割を「現場に出向き、ざっくばらんな会話やミーティングを通して、さまざまな社内の人や活動に関する情報を集めること」と説明する。

これを読めば、HPとは、いかなる会社か、そこでは社員は何を期待されているのかが一目で分るようになっている。つまり、企業文化のエッセンスを提示することで、他社との違いを際立たせ、ビジネスの求心力を高めている。

これに対し、日本企業のビジネス理念は抽象的であり、社員の行動指針についても何も決めていない企業が多い。

日本の高島屋事件などで、にわかにクローズアップされた企業倫理一つを取っても、日米の対応の違いは歴然としている。（小山博之『企業文化を誇れますか』）。

IBMの行動指針をみると、「取引関係に影響するとみられる恐れのある場合、取引先の役員、社員に送り物をしてはならない」となっている。また、テキサス・インストルメンツも「選択を迫られたら、期待どおりの収益を上げることより、倫理的に正しい行為を選べ」と明示し、キャタピラーも「たとえ会社を守るためであっても違法行為をしてはならない」と提唱している。

一方、日本企業はどうか。例えば、東京にある老舗の有名デパートの行動指針に「私たちは、思いやりとふれあいの輪を拡げます。私たちは夢を描いて楽しく働きます」と示されている。これは、良く言えば精神訓話的であり、悪く言えば、あたり前のことだ。またこれは、実践では参考にならない。

別な見方をすれば、米国企業がデジタル型であり、日本企業の多くがアナログ型ともとらえることができる。（林吉郎『6眼モデル（Hグループ）人間と世界のモデル』）

企業は自社の企業文化と組織内コミュニケーションを見直し、企業としての価値、目的を整理し、日常の実践に役立つ行動指針を打ち出す時である。これから「大競争時代」を生き抜くには、企業はその存在感をアピールしなければならない。その場合のキーワードは社員にとって魅力的であり、社会性に富むことである。社会性といっても一筋縄ではいかないのが二一世紀である。賄賂《わいろ》などが横行する発展途上国での異文化ビジネスをいかに展開するのかなど決断を迫られることは多い。アナログ型の以心伝心の企業文化から、デジタル型の明示型企業文化と組織内コミュニケーションをＨＰのように創造すべきである。

〔13〕　異文化・多文化との違いを知ろう

世界の文化の違いをなくせば、文化間のぶつかり合いや摩擦、それに紛争が解消されるという見方がある。しかし、そうではなく、反対に文化の違いを知り合って、ぎくしゃくした関係から生ずる熱を新たな建設的な共生型コミュニケーションのエネルギーとして活用することができるという見方もある。では、文化の価値観の相違に対していかなる姿勢や態度で臨めばよいのであろうか。それには、次の七つのステップ法を活用することである。

（1）　文化間には、物の見方、とらえ方、行動パターン、タブー、目では見えない慣習やシステムがあるので、それらの違いについて好奇心を持って見てみよう。（Be ready for differences.)

（2）お互いの文化の違いに気づき、認識し認め合おう。（Be aware of cultural differences.）

（3）どういう点、どこが違うのかについて、なるべく理解するように努めよう。また、なぜ違うのかについての文化的背景や歴史や伝統などについて知る努力をしよう。（Recognize and then understand differences.）

（4）文化の価値観、物の見方、とらえ方などのパーセプション、ロジック、世界観の違いを謙虚に受け取り、評価したりする態度を身につけよう。（Appreciate differences in cultural values, perceptions, logic, and world views.）

（5）文化には「違いがあるなら、それらをありのまま受け入れ、違いを楽しむ態度を培おう」（Accept differences and accept them as they are.）

（6）他の文化の価値観の多様性を知ることは、自分の文化を知ることにもつながるという二つの経験が得られることを知る。多様な文化価値について分かっていれば、相手の考え方や行動パターンを理解しやすく、コミュニケーションを通して互いに敬意を払い、同じ目的やゴールを共有できる。（Learning another culture is a double-learning experience. To learn about another culture is to learn about one's own culture.）

二〇〇一年春、日産とフランスの企業ルノーが、グローバル提携に調印した。日産のカルロス・ゴーン氏は、その合意文書の中で強調されたことを次のように紹介している。「互いの相違点を認識して、その価値を認め合うこと。相手を尊重した上で率直に語り、また、相手の言うことに真剣に耳を傾けること…。〈中略〉大事なのは自社の文化を維持しながら、同時に相手の文化を理解し、それに適応していくということです。私たちが合意したのは、あくまでも二つの会社、二つのアイデンティティを認め、それを尊重し合った上で提携するということでした」と述べている。（カルロス・ゴーン『カルロス・ゴーン経営を語る』）。これこそ「シナジー効果」を目指しているといえる。

これは、異文化ビジネスの提携成功例であるが、ゴーン氏が強調したかった点は、「たとえ文化価値が違った国同士であっても、コミュニケーションやネゴシエーションを通して互いの利害の共通点を見出してゆけば、ビジネスや人生の可能性も広がっていくということである」。

（7）タブーやセンシティビティ・エリアを知る。(Get to know taboos & sensitivity areas.)

ここでは、二つの例を紹介する。

一つめは、例えば、特にイスラム圏の人々を食事に招いたりする際には、彼らは豚肉を使った食べ物や料理は、「御法度」なので避けたほうがよい。彼らは、アルコールも御法度であるが、トルコなどのイスラムの人々の中には自分達はヨーロッパに近いという感覚を持っている人々も多く、中には、白ワインを食事の際に楽しむ場合もある。また、インドの人々を招待した際には、ヒンズー教の影響のため、牛肉は御法度である。カレー料理やスキヤキには牛肉よりチキンのほうが無難である。

二つめに、宗教や政治の話もタブーである。注意を払わないと、その場の雰囲気が悪くなったり、相手を不快にさせたり、互いに気まずくなったりするので避けたほうがよい話題である。

［14］「ミディエーション力」（橋渡しパワー）のベースを培う

最後に多文化間の「ミディエーション力」を培うことが大切である。

多文化間のミディエーターとは、「異文化・多文化をバックグラウンドとして有している個人や団体、国家の間で問題、障害、支障、ぶつかり合いや紛争などが起こる可能性があると察した場合、第三者的中立の立場を保持しながら、グレート・コミュニケーターと、さらにグレート・ネゴシエーターの両方のスキルを駆使して、未然に問題を処理し、解決することのできる人物のことである。しかも、『ミディエーターの最終ゴールは世界平和であり、従来の一方が勝ち利益を得て、他方が負け損失する、さらに忍耐を強いられるというパターンに終わってはならない』のである。」（拙著『新国際人論──トランス・カルチュラル・ミディエーター時代への挑戦』総合法令出版）。

ミディエーターに必要な要素はすでに述べた［1］〜［13］に加え、「非言語コミュニケーションについてのベーシックな解読力」と「文化を複眼的に観察する眼力」、それに「異文化・多文化をつなぐ語学力」である。

例えば、トヨタ自動車が、中国で生産した「ランド・クルーザー・プラド（SUV）」の二〇〇三年一一月の広告が本土で強烈な非難を浴びた。なぜならば、広告には獅子《しし》の石像がSUVに敬礼する図柄に「覇道（プラド）、あなたを尊敬しなければならない」との広告文が付けられていたからである。これは、後のセクションで扱う文化間の「パーセプション」の違いから生ずる問題であるが、問題は、中国側からすれば、中国で尊ばれている獅子に敬礼をさせた点と、「侵略」をイメージさせる『覇道』という「車名」がつけられた点である。この二つが日本側の気づかない内に、思わぬ反発を呼んだのである。その後、トヨタ批判はインターネットや新聞紙上に広がった。トヨタ側の言い分は、「中国を侮辱する意図はなかった」という。しかし、トヨタの「謝罪」への対策と決断は早かったという。中国ではこれまで日本の会社が似たような事件で「謝罪」に対する対応が遅れた結果、さらに批判が広がり、誤解が起きた例が多い。（「謝罪」の文化の温度差と異文化の軋轢《あつれき》については、すでに述べた「えひめ丸事件」を参照されたい）。

二〇〇〇年になって、中国では日本企業などを標的にした消費者起訴やメディア批判が起きている。「他意のない」企業のビジネス・コミュニケーション行動や、二〇〇三年一〇月に西安の大学で起きた日本人留学生の寸劇が中国への屈辱や差別として攻撃されている。

先の［10］「自民族・自文化中心主義に陥らない」と［11］「ステレオタイプとネガティブな偏見に注意せよ」の個所でも述べたが、これらの事件が反日感情の「ナショナリズム」（民族主義・国家主義）に発展することである。感情論ではなく「理性」で問題を解決することが先である。

問題としてのハッキリとした輪郭《りんかく》を形づくる兆候が現れてきた際に、「アーリー・ウォーニング」（早期警報）的予知能力で、第三者的立場で問題を未然に防ぎ、最小限に食い止められる多くの紛争処理・解決型ミディエーターが政治、財界、ビジネス、教育界で生まれることが強く求められている。政官界の中に、中国との強いパイプをもつミディエーターの発掘が今ほど求められている時代はない。

二一世紀が求めるEQ型ヒューマン・コミュニケーター

二一世紀は、一九四〇年に流行したＩＱ（知能指数）ではなく、ＥＱ（心の情動指数）が求められる時代である。これは、多文化の人々とのコミュニケーションやネゴシエーションを行う際にも必要なコンピテンス（高度な能力）である。

ＥＱ（心の情動指数）は、ＥＩ（emotional intelligence）またはＥＣ（emotional competence）といわれる。ＥＱとは、書物を読んだりして身につけられる知識やスキルとは異なり、対人関係を司る「気配りや気働き力」のことである。これは、知能指数とは異なる「智恵」の指数である。二一世紀には、知識よりも「智恵」が必要であると同時に、学歴ではなく、何を学んだかという「学習歴」が重視される時代である。

多文化共生時代の組織や職場、ビジネスの現場のヒューマン・コミュニケーションで必要なのことは、記憶力や計算能力といったＩＱ（知能指数）能力よりも、むしろ自信や対人コミュニケーション（接し方、付き合い方）、社会感覚といったイモーショナルな感情・感性面についての能力、すなわち「ＥＱ」（心の知能指数）のコンピテンスのほうが重要である。このことを提唱したのがハーバード大学のダニエル・ゴールマンである。ゴールマンは、例えば、仕事や事業などの成果を出すために必要なコンピテンシー（実力や能力）のすべての内、七五パーセントがＥＱに関係しているという。これは、異文化の価値観をバックグラウンドに持っている人と仕事をしたり、組織の中で事業、ビジネス、共同作業を行う時にも必要な能力である。

ＥＱのフレーム（枠組み）とは

ＥＱの枠組みには、まず最初に自分をよく知るという項目がある。では、その上で必要とされている能力には何があるのであろうか？　ＥＱを向上させるには、「対人理解」、「対人インパクト」、「組織感覚」、「チーム・ワーク」、「チーム・リーダーシップ」について、自分がどれぐらい強いかを気づくことにある。自分と相手との関係も知る（Be aware）という「気づき」法を習得することである。

それを集約すれば、以下の四点が重要項目である。

1、「セルフ・アウェアネス」——自分の感性や感情面について知ること。

2、「ソーシャル・アウェアネス」——相手に対する共感度、組織に対する感覚、相手に対するサービス提供などを学ぶ。

3、「ソーシャル・スキル」——ヒューマン・コミュニケーション、カタリスト度、紛争処理・管理能力、対人接し方力、チーム・ワーク力を身に付ける。

4、「セルフ・マネジメント力」——セルフ・コントロール、信頼度、良心、適応度、達成力を習得する。

の四点である。

ヒューマン・コミュニケーション・ツール——携帯電話の問題

近年、コミュニケーション・ツールとして携帯電話の普及がめざましい。携帯電話は一人一台の時代となり、いつでも、どこでも使用できる。しかし、若者の行動パターン（コミュニケーション行動）がおかしくなったと言われている。皆が所かまわず携帯電話でしゃべりまくり、道や公共施設のど真ん中でたむろを続け、通行人の迷惑になっていることだ。彼らはただひたすら、いつでも誰かとつながっていたいのである。そんな「不安」が飛び交うメールの背後にある。一〇代の若者のメール友達は、四〇代のそれの一〇倍以上だという。

一九五〇年後半に、社会学者でハーバード大学の教授であったデービッド・リースマンは当時のアメリカ人を「孤独な群衆」と呼んだ。同氏の手による書物『孤独な群衆』(Lonely Crowd)は、その後も世界中でベスト・セラーを続けた。筆者はこの若者文化の現象を、デービッド・リースマンの「孤独な群衆」ではないが、「不安な群衆」(Fearful Crowd)と呼びたい。

ちなみに、彼らがしゃべり続けていない時は、必死に携帯電話とニラメッコしながら、ボタンを押し続けている。ニホンザルは大きな群れをつくるので有名である。サル達は「クー」と鳴き合う「クー・コール」というコミュニケーション法を発達させた。これは互いの意思の伝達や警報のような情報通信とは違う。これは、彼らが山の中などで姿が見えない同士が互いの存在を確認し合ったり、情緒的につながって安心を得るためのコミュニケーション・システムである。若者達の携帯電話に対する姿勢はこれに似ている。

若者達の携帯電話のおしゃべりにまつわる問題は、自分達の行為や行動が相手にどのような影響を及ぼしているかについて、全然気づいていないことである。あたかも、他人が存在していないように振る舞うことである。この現象を正高信男氏は、「ケータイを持ったサル」と呼ぶ。では、彼らはなぜ気づかないのであろうか。人間はもともと、家族の中でさまざまな人間関係(コミュニケーションの相互作用パターン)を、知らず知らずの内に学びながら、外=ヨソの世界に出て行くわけである。つまり、われわれは、一歩家を出ると、通常であれば「家型」=「内型」コミュニケーションから、

「よそ行き型」コミュニケーションに移行することに気づくわけである。

しかし、昨今の日本では、この社会プロセスがうまく機能していない。それにはいろいろな原因がある。（1）まず、社会が豊かになり、食べ物も豊富にあるため、のんびりした家庭生活にひたることができるためか、「危機感」がないこと。また、専業主婦の母親が育児に専念し過ぎて、躾《しつけ》をせず、甘やかしていること。つまり過保護になり過ぎていること。例えば、「親しき仲にも礼儀あり」の意味を教えない親もいるようだ。その結果、成長に必要な葛藤《かっとう》や試練が与えられず、子供達は「内空間＝私空間」と、一歩家を出た時の「外＝公空間」の区別をつけられないまま大きくなってしまう。したがって、公共の場所でも、自分の部屋にいる感覚で行動してしまうという。家（うち・内）型のコミュニケーションはあくまで、「内輪型コミュニケーション」であり、一歩家を出ると、「一市民」＝「公的自分」、つまり「公的（ヨソ行き）型コミュニケーション」に切り替えるというアドバイスを与える必要がある。生活でも音楽でもスポーツでも大切なことは、「リズム」と「メリハリ」である。リズム感覚（センス）を培うことも「ＥＱ」の重要な要素の一つである。あとは、本人にそれを気づかせることである。

企業文化のシナジー型ラーニング・カルチャー

まずは、企業文化にみる多文化間のマルチ文化コミュニケーションとラーニング・カルチャーについて触れてみたい。まずは、ヒューマン・コミュニケーションにおける対人コミュニケーション力についてである。「シナジー型ラーニング・カルチャー」とは、多文化の組織の中で働いている人たちが、自分で同僚と協力しながら問題を発見し、あるいはお客さんと協力しながら問題を発見し、どうすればよいのかと考え、自分なりに解決策を出してゆくことである。「ラーニング」とは「数多くの実験を集積した効果」ということができる。そのベースは、仮説、実行、それに検証の繰り返しによる能力の向上にある。

例えば、異文化の人々を抱える組織は、常にいかにすれば「シナジー型ラーニング・カルチャー」を創っていけるかを考える必要がある。

ドジャースのシナジー型ラーニング・カルチャー

異文化ラーニングをグローバル・ビジネスのベースに据えて成功させたケースが、メジャー・リーグのドジャースである。筆者の見解では、ドジャースのオーナーであったブランチ・リッキーは、一九四七年にチームを優勝させるため「初の黒人選手」である「ジャッキー・ロビンソン」(奨学金でUCLA卒)を獲得すれば、ロビンソンはドジャースの起爆剤となりドジャースを優勝に導くという仮説を立てた。

次にブランチ・リッキーは、この仮説を検証するため、ロビンソンを黒人差別の少ないカナダのマイナー・リーグからプレーをさせ、段階を追ってメジャーのドジャースのメンバーにさせた。そこでは、ロビンソンは最初差別を受けるわけであるが、彼はロビンソンに「屈辱をバネにして、わくわくするプレーを球場で見せることが、ドジャースにも観客にも必要だ。そのモデルとなるのは、君しかいない」と説得。また、リッキーはドジャーズの選手達にも「実力で勝負せよ。ジャッキーを見習え。

それがいやならドジャースから去ってもらう！」と他の白人選手達にも警告する。その結果、ロビンソンのチームメートにも変化が起き、ドジャースは優勝。観客動員数も増え売上げも増え、経営も栄え「グローバル・カンパニー」へと成長。ドジャースは、その後、南米やアジアなど異文化のバックグラウンドを背負い、肌の色も違う多くの選手を獲得し優勝の回数も増やし、仮説を実証することになる。

一九九五年には野茂英雄投手を獲得。日本からのファンもドジャー・スタジアムに足を運ぶようになった。経営もアップした。その後、野茂投手は、他のチームに移籍するが二〇〇二年には古巣のドジャースに戻り活躍する。野茂投手は、二度の「ノーヒット・ノーラン」という記録を達成し、日本人プレーヤー初のメジャーの「野球殿堂入り」という遺業を達成。

その後、ドジャースを真似てか、シアトル・マリナーズはイチロー選手を獲得し、ヤンキースは松井秀喜選手を獲得した。優勝達成のために多文化の有能な選手の数を増やしたわけである。

そこでは、各個人が定められた「タコツボ」（「たこ壷」とは思想家の丸山真男氏の造語）に入って決められた仕事をするのではなく、タコツボから一歩出て、隣りのタコツボにいる他の分野なり異業種の人々と、さまざまな課題を話し合い（コミュニケート）、情報を共有する。そこから、何か新しい問題を見つけ、さらに部門のタコツボから抜け出し、ほかの部署と課題を共有し、皆で考え、新しい解決策を見出してゆく「シナジー型ラーニング・オーガニゼーショナル・カルチャー」を創っていく時代に突入した。

マルチ・カルチャー型コミュニケーター〜カルロス・ゴーン氏から学ぶ

マルチ・カルチャー・コミュニケーターとは、言い換えれば、異文化に対しての感受性を備えたコミュニケーターということである。別な言葉で言えば、他の文化を相対的に評価できる人物といえる。それが「文化相対主義」という考えであり、「自己文化・自民族中心主義」とは正反対のコンセプトである。「文化相対性」とは、他の文化や世の中を、自分だけの見方や解釈ではなく、客観的に観察したり「共感性」を持つということである。共感性を持つ人は、他人の感情や考え方を認識し、理解し自らを相手の立場において学ぶことのできる人である。

筆者の分析では、日産自動車のカルロス・ゴーン氏はマルチ・カルチャー型コミュニケーターである。存亡の危機に瀕した日産に彗星のごとくフランスのルノー社から乗り込み、再生にリーダーシップを発揮したのがゴーン氏である。同氏は「日本の優位を脅かすものがあれば、それは日本の中にある」と言及したことでも有名である。言い換えれば、「組織なら組織をそのままにしてコミットメントし、改革をしなければ、再生はない」ということである。(拙著『グローバル・ネゴシエーション』総合法令出版)。

二〇〇三年七月に、民間人小学校校長に続いて教育委員会の幹部が自殺するという異常事態が広島県の尾道市で起きた。ゴーン氏の言葉を言い換えれば、「日本国内において『異能』『異才』を迎え入れる土壌が教育現場やその他でも必要だ」ということである。

次にカルロス・ゴーン氏は以下のマルチ・カルチュラル・コミュニケーターとしての素養を兼ね備えている人物といえる。

（1）自分とは異なる文化の人々の話に耳を傾ける
（2）その相手から常に学ぼうとする姿勢を持つ
（3）マナーに気を配る
（4）異文化に対する知識（地域研究、文化のコンセプト、歴史観）を持つ
（5）異文化に対する感受性エンパシーを持つ
（6）多様性に対する寛容度を持つ
（7）外国語の能力を身につける
（8）異文化における危機管理力を養う

第三章　真の国際理解はどうしたら可能か

異文化理解のためのさまざまな方法

「国際理解」と「異文化理解」

国際理解教育や異文化理解教育現場において、英語やその他の外国語を習得することを「国際理解」または「異文化理解」を深めることと思われがちである。英語や他の外国語はあくまで、副産物であり、語学教育は「訓練」（トレーニング）によって培われるものである。

「国際理解教育」や「異文化理解教育」は、「否」の理論から出発する学問領域（環境問題と同じ）ととらえたほうがよい。なぜならば、それらに対してのイメージは「暗い」、悪く言えば、「どろくさい」（否定的）ものであること。しかし、それらに肯定的な光を与えプラス（有）に変えてゆく研究領域である。

「国際」という言葉を聞けば、一般には外国や異文化との関わりという意味が含まれているゆえに、外国や異文化社会に精通でき、国際感覚もはぐくむことができるモダンでハイカラなイメージを持つ人が多い。しかし、実際には「苦悩（plight や agony）」や、光の部分より貧困問題、人権や人道などの問題を含む、「影」の部分や側面を取り扱う、比喩的に言えば、「冷たい学問」と言える。「国際」という言葉には、一つ間違えば、紛争、また、未来学者ハーマン・カーンのエスカレーション理論でいう「暴力」による「武力衝突」、すなわち「戦争」に発展する。

「国際理解教育」は、（1）われわれの目を国内、国外の軍事・政治・経済・技術問題・国際協力、さらに地球規模で抱えている環境問題や教育に向けさせ、（2）われわれがそれら諸問題について認識を深め、理解し、そして、どのような対策を講じたり解決策を見出したり、また行動すべきかなどを教育を通して押し進めてゆくことに力点を置く領域といえる。

これに対し、「異文化理解教育」とは、（1）人類の生存・共存に不可欠な外国についての知識や、他民族に対する態度（attitude）を形成したりすること――（例えば、他国や異文化の人々に対する思いやりであるエンパシー＝共感を育むことの必要性など）――に重点を置く教育領域である。（2）「自己文化・民族中心主義」（ethnocentrism）的な考えは危険であり、紛争の原因となる。そのために、世界にあるさまざまな文化、社会や人々を「文化相対主義」（cultural relativism）の視点で同一平行線上に位置づけ、いかにすれば相互の紛争問題を見出し、紛争を決着させ、解決し、相互理解が可能になるかを考え、実行する教育のことである。

現代のような相互依存の時代において、国際的な相互のかかわりを他の国々や異文化と推し進めるには、前の章でも強調したが、交渉力、ミディエーション（紛争調停）力、それに双方のシナジー（相乗）効果の生まれる対人コミュニケーション力が必要である。「外交とは調整による平和である」という格言がある。外交は国益とも密接な関係がある。元駐米大使の松永信雄氏は、「外交とは国益になったか、国益を損なったのかという結果がすべてであって、その評価は歴史の手に委ねられる。だからこそ、何が国益かを誤らない常識と、何があってもひるまない勇気が必要である」また、「交渉では互いの立場を尊重しつつひるまない勇気が必要である」と指摘したことがある。一般市民がかかわっている異文化との「民間外交」にも、国益を守るものと、それを越えた地球レベルの問題を解決し、地球の財産を守るという「地球公共財益」とがあることも忘れてはならない。

問題は、日本が国際社会に対してなかなか独自の立場を、本国語の日本語プラス英語など、その他の外国語を使って示すことができない点にある。

エドウィン・O・ライシャワー博士の説く「異文化理解」

「異文化理解教育」を考える上で忘れてはならない人物がいる。日本・アジアと欧米との風通しを「地球市民教育」を通して良くしようと試み、本人自身が文化間のミディエーター（紛争解決型調停者）であり、ハーバード大学の歴史学者でケネディ政権時代に元米国駐日大使を務めたエドウィン・O・ライシャワー博士である。同氏は異文化を理解する上で大切なことを次のように述べている。

「それ（政治的・経済的相違を超越する）よりはるかに深刻な問題は、人種の間や、それ以上に、根本的に異なる背景を持つ文化の間に存在する相違感、克服不能の違和感だと思う。」〈中略〉「私が、世界市民意識の感情面の重要性と、人種間や文化間の関係の大きな困難性を痛感するのは、私自身の特別な文化背景であるともいえる。」と。

また、自分の異文化に対する知識をもつことと同様に、意識の必要性を知的に認識する必要性も述べている。これは同氏が二つの文化で大半を過ごし、日本とアジア研究のためフランスや中国、それに日本に留学した経験に基づく発言である。

「私は、大半アメリカ的な伝統と教育を受けたが、子供時代の大半を日本で過ごしたため、私は世界に対して二つの視点を持つようになった。私はアメリカ人であることに誇りをもっていたが、同時に私の『故郷』である東京にも誇りをもっていた。ヨーロッパ帝国や世界の西洋支配が多くの西洋人にとっては、疑いもなく当然と思われていた時代に、私はこれら両者に対して強い感情的な反発をもっていた。香港の英国警察やインドのオランダ官僚は不条理に間違っている。現代用語で言えば『不道徳』であるように私には見えた。また、朝鮮で日本の植民地主義を見たり、フィリッピンや南米におけるアメリカ人の支配を見て、これらに対しても同様な不快感を感じた。〈中略〉世界市民『意識』の必要性を知的に認識すること。それに対する深い感情的な決意との違いをはっきり意識している。知的にその必要性を訴えながら、感情的にその気持ちをもっていない人が多くいる。」（『地球社会の教育』サイマル出版）

また、同氏は日本において「国際化」が「西洋化」と混同されがちであり、それがいかに誤った考えであるかを、次のように述べている。

博士と共に（ボストン郊外ベルモントのライシャワー邸にて'89年）

「多くの日本人は、国際化とは、日本式な生活スタイルや価値観などを西欧化することであると思っている。日本の多くの若者には、言語学習の一手段として、英語を話す外国人には積極的に知り合おうという傾向があるが、それに反し、多くの在日朝鮮・韓国の人々や中国からの人々を避けて通る傾向があり、非常に憂《うれ》いきわまることであると思う。彼らが何を考えているかを学ぶことは、日本だけのこりかたまった偏狭な視野（身内以外は外の人と見ること）から離れ、世界の諸問題を直視し、これに対応するために必要な視野を培っていく上で重要なステップである。」また「日本の伝統文化の大部分は中国や朝鮮半島や近隣諸国に影響されていた歴史を忘れてはならない。」（拙著『新国際人論』）

この発言は、同氏の教え子の一人であるアルバート・M・クレイグ（ハーバード大学教授）の言葉を借りれば「ライシャワー教授は、アジアという文脈のなかで日本を理解していた」ことを示すわけでもある。ライシャワー氏は日本研究における世界的な第一人者であるのみならず、アジア研究の専門家でもあった。

国際理解教育の目指すもの

では、国際理解教育の目指すものは何か？

いつの世でも、世界は人々の協力を必要としている。国籍や民族や人種、それに文化を超えて、ともに解決してゆかねばならない世界共通の人類的課題が多くある。こうした地球レベル（国際連合をも含んだレベル）の課題とは何かを探り、それらに対していかにして取り組み、問題点の原因を探り解決法を見出し、世界に貢献できる人材を育成するかが国際理解教育の目指すものといえる。しかし、理解することは、「言うは易し行うは難し」である。

「国際理解教育の特徴」は、世の中には「否（影）」の隠れた側面（Hidden Aspects）があることから概観し、問題を探すと、自ずと特徴が見えてくる。文化研究と同様のアプローチをとる事である。

「文化」には光と影が存在する。国際理解にも同様な光と影の側面がある。影の側面を観てみると、国際理解・異文化理解には多くの問題、すなわち現代社会の難題と結びついている。経済格差（「勝ち組」＝「豊かな社会」対「負け組」＝「貧困問題を抱える国」）、人権問題（弱者切り捨て）、宗教対立、グローバリズムとユニラテラリズム（一国中心主義）、人口問題、食料問題、それに環境問題と紛争とテロとの問題など。問題はこれらの問題をどう打開し、行動するかである。

表層レベルの異文化理解――ALTは特効薬ではない

「異文化とのふれあい型交流」、「異文化接触」、「異文化体験の担い手」として注目を集めてきたのが、ALT（外国語指導助手）の役割である。これは、主に公立の小中高のために国が各自治体に外国語教育の外国人助手を紹介する、通称ジェット・プログラム（Jet Program）事業である。しかし、近年そのALTの質の低下が指摘されている。（「スーパーイングリッシュ・ハイスクール資料」：北海道教育委員会高校教育外国語部門、平成一五年六月）

日本において、国際理解教育と英語教育の一端としてJETプログラムの需要が高まる一方、反対に米国などでは景気がよいため、応募者が増えず採用の倍率が低迷していることが要因の一つである。こういった現状を踏まえ、文部科学省などでは、二〇〇三年六月二八日迄に、勤務評価を待遇に反映させる仕組みなど、ALT改善策の検討を始めた。

JETプログラムは、外務・総務・文科省の連携でALTの計画立案や採用、研修を行う事業である。招致対象には自治体の国際交流委員も存在する。しかし、その九割がALTという実態である。JETプログラムは、一九八七年から始まり、二〇〇二年度は、二〇カ国から約五七〇〇人が採用された。

募集は在外日本公館を通して行われるが、一年契約で来日し、三年迄延長が可能である。その内、九割が大学新卒だそうである。

近年、トラブルを起すＡＬＴが増加している。タイプ別に分類すると、「ふれあい交流」に近い英語を通した小中高での授業では満足できないタイプと、日本の文化に馴染めないタイプ。また、「文化ショック」の後遺症を引きずったままの「ホーム・シック型タイプ」が存在する。例えば、ある県では、欧米よりも多い四〇人学級の生徒を前にして、緊張して話せないＡＬＴや、居眠りをする生徒への指導をめぐって日本人の先生とコミュニケーションがうまくいかず、ケンカをする人などもいたという。また、ＡＬＴの中には、本国で就職が決まったとか、大学院に入学するなどの理由で帰国してしまう、「立つ鳥、後をにごす」タイプもいるという。また、ホーム・シックのため契約よりも前にさっさと帰国する人も増えている。

文科省の調査によれば、トラブルの要因には、人を選べなくなっている事情があるという。米国などからの応募は、近年では応募者の競争倍率が二倍に低下しており、辞退者がでた場合には全員採用されるケースもあるという。

反対に国内でのＪＥＴを介したＡＬＴの人気は高いという。一九九〇年には二〇〇〇人あまりだったのが、九八年以降は五〇〇〇人を超えている。小学校で英会話学習が行われるなど自治体の英語熱は上昇中である。

そこで、文科省では、二〇〇三年から三年間で優れたＡＬＴ三〇〇人を正規の教員に採用する計画があり、各省で改善策を模索中とのこと。その中心は、良質な教員の場合には、欧米に限らず、多様な文化圏で採用すること。研修の強化。それに勤務評価にマッチした待遇、契約期間を五年まで延長することなどが盛込まれる見通しである。

国際理解にどう取り組めばよいのか?

では、国際理解にどう取り組めばよいのであろうか? それには、国際社会における日本の役割や貢献は何であるかを「国際協力とは何か」を通して考えるとよい。「国際協力」とは社会や経済の開発、平和問題、人命や人権など人道上の問題、環境問題などに対して、国を超えて行われる援助活動である。

「国際協力」とは、一般に英語では international cooperation と呼ばれている。これまでは、経済的、社会的、文化的、人道上の問題に対しての協力ばかり、国際協力と見なされてきたが、近年では紛争解決や平和や環境問題なども含め、国を超えて行われる援助活動全般をさしている。

二〇〇四年に自衛隊のイラク派遣をめぐって憲法や国連、日米関係から見た様々な議論が行われた。しかし、「何のための援助なのか」など、「される側」からの視点は少なかった。又、現地の異文化で展開する自衛隊の援助をスムーズに行うためのアドバイスも十分とは言えない。しかし、先遣隊として現地入りした自衛隊は、イスラム教の祝祭「イード・アル・アドバ」(犠牲祭)期間の二月三日に、イスラムの異文化慣習にのっとり羊二〇頭を、地元の恵まれない家庭などに部隊長を通してプレゼントした。これなども、アラブ特有の「接待外交」をテコにした国際協力の一形態である。イラク側には「自衛隊はイラク伝統文化を尊重してくれる」と好評であった。

また、国家間で政府が主体となり行われる政府開発援助（ＯＤＡ）や、非政府組織（ＮＧＯ）や非営利組織である（ＮＰＯ）が援助を実施する場合もあるし、国連などの国際機関を通して行われる場合もある。また、国連のような国際機関を通して多国間で行われる場合もあるが、問題もある。例えば、援助が援助国や被援助国の特定の官僚や組織の利益誘導になる場合もあり、また、援助金が軍事用資金に使用されている場合（中国など）もあるので、「チェック・アンド・バランス」の必要性が叫ばれている。

新旧のＯＤＡの違いを図で示すと次ページのようになる。

ところで、国際協力で海外派遣をした際に、文化的な違いが原因で、相手国の人と共同で行っている事業などがうまく進まない場合がある。その場合には、策として双方の相乗効果アップをはかる「異文化シナジー」を取り入れ、「異文化コミュニケーション」の視点で考えると、よりよい考えが浮かぶようだ。問題を客観的に詳しく分析し、その後双方の文化に同時に受け入れられる行動パターンを見出し、それを実行する手法が効果的である。

一九九〇年代には、日本経済もミラクル時期を経て経済バブル期に突入していたため、海外から「日本の貢献」や「経済的援助」が求められるようになった。湾岸戦争の費用負担（「小切手外交」とも言われた）や、カンボジアへの平和維持軍ＰＫＯの派遣など、日本も外国における紛争の枠外に留まることは許されなくなった。

これまでのように日本を外国に紹介するのではなく、世界の共通の問題を各国とともに協調して推し進めていく時代――「国際援助」から「国際協力」「国際貢献」の時代にきているのである。

図　新旧のODAの違い

	従来のODA支援	新ODA（2003年）の案
基本目的	発展途上国の貧困、餓死問題を人道的な視点で看過できない。我が国の支援努力により、友好的関係が増える。	これからの国際社会の平和と発展に貢献し、我が国の安全と繁栄確保に資する事。
重点課題	地球規模の問題に対して取り組み、貧困を削減し、人材育成や社会基盤の整備を行う。	貧困削減、持続的成長、地球規模の問題に取り組み、平和を構築する。
地　域	東・東南アジア諸国を中心としたアジア	南・中央アジアを含むアジア
援助政策の立案と実施	相手国の要請が中心の「相手国要請型」 NGO（非政府組織）との連携をはかり適切と思われる支援活動を行う。	相手国の要請を受ける前にチェックし政策を協議する。 NGOや大学、経済・民間団体などの技術協力や提案、知見等を生かせる為の連携を強化する。

図　日本と世界の相互理解

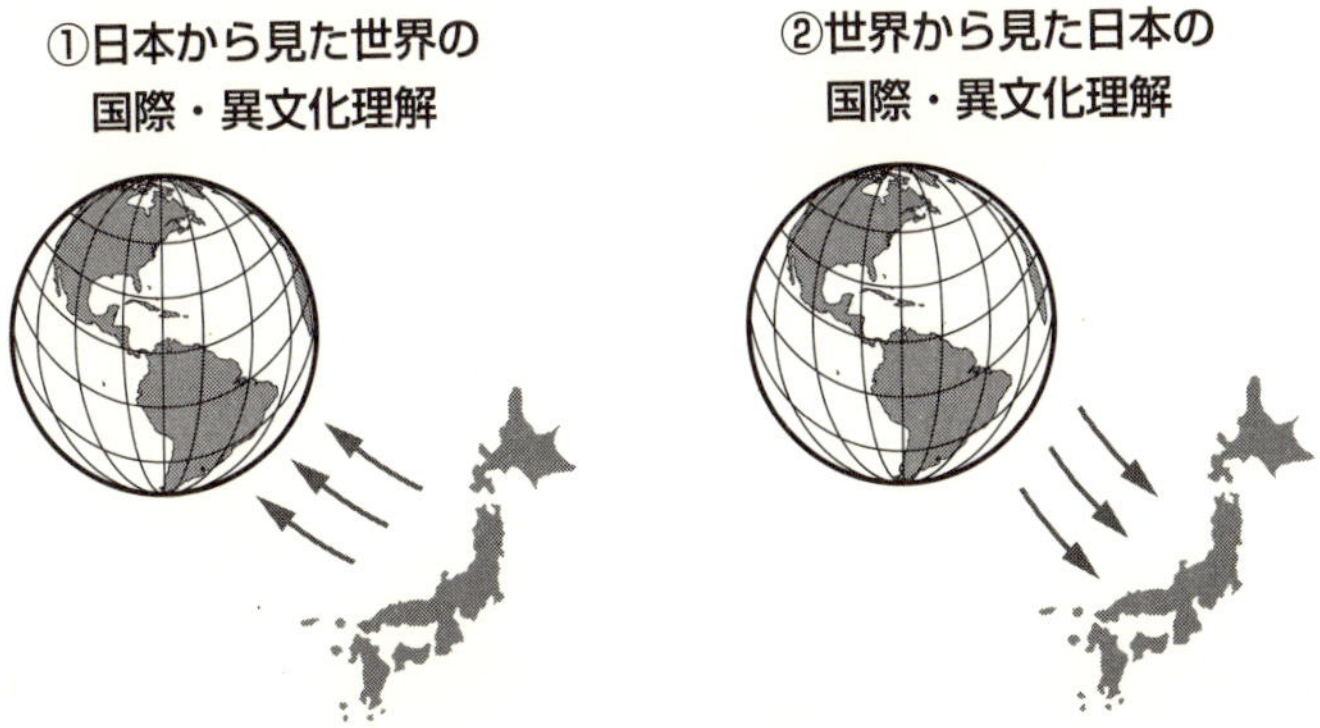

「日本の中の世界」対「世界の中の日本」＝国際社会のメンバーである日本
（世界の中の日本＝国際社会のメンバーである日本）

国際協力とボランティア教育

「国際協力」は、国際理解教育とボランティア教育の一部でもあるので、それについて少し触れてみたい。

国際社会の中で、日本の国際協力と貢献分野で知識と実戦力とを持つボランティアの育成の必要性が叫ばれている。しかし、問題は、その分野について先見性を持ち先駆者として人をリードできる人材、すなわち、モデルが存在するかいなかである。その点、次に紹介する登山家、野口健さんの随筆に基づく事例は、われわれが「ふだん着」で「国際理解」と「異文化理解」、それに、「異文化コミュニケーション」と「ボランティアとは何か」についての基礎を知る上でも大いに参考となる。

野口健さんから学ぶ国際理解と異文化理解

野口健さんは、今でこそ有名な登山家であるが、登山家になるきっかけとなったのが異文化の狭間で「いじめ」を経験し、それを克服する手法を見つけた時だそうだ。

野口さんの父親は外交官だった。彼は父親の仕事の都合で、日本の小学校に一年生から三年生の夏まで通った。その間に、「いじめ」を経験したという。最初は「いじめ」を脱することができなかったが、脱するきっかけを作ったのがエジプト国籍の母親の教育にあったという。野口さんの母親は、「(いじめの問題は)自分で解決しなさい。殴られたら殴ってきなさい」と、家に入れてくれなかったという。

そんな時、野口さんは、近くの公園で、昆虫を見たり、ブランコに乗ったりして過ごしたという。

しかし、心の中は悔しさで一杯だったという。いじめられて「コノヤロウー」と思ったという。しかし、「ある時、とうとう爆発して、ガキ大将を殴ってケガをさせてしまった。暴力で解決というのはほめられたことではないけれど、（いじめられることは）いやだ、という自分の気持ちを伝えられたと思う」と述べている。そして、「自分で解決する強さを持つ」ことの大切さを感じたという。

野口さんは、その後、エジプト、イギリスと移り住んだが、両親が離婚。そのさみしさに加え、学業も不振になり、つらい日々を経験。しかし、困難に向き合った経験は、その後、登山家になった時に大いに生かされたという。

例えば、（1）どんな問題にも根底には「人間関係がある」こと。（2）登山という社会と一見かけ離れたものも、結局は「人間関係」そのものだということを発見。

野口さんは、四年間にわたってエベレスト清掃登山に取り組んだが、その清掃登山も、自己満足ではなく社会的に意味のある行為とするためには、（3）自分の思いや計画を伝え、理解してもらうための「コミュニケーション」が欠かせないという。「大人のケンカ」の「勝ち」は、相手を味方にすることだという。例えば、断られたスポンサーに、いかに説得して、「交渉」して、スポンサーになってもらうかなど、いろいろ考えるのは楽しいという。

野口さんは「富士山を世界遺産に」のテーマを掲げ、二〇〇三年七月下旬から、富士山のふもとで小中学生向けの「自然教室」を開くなど、今度は「環境教育」に取りくむという。

「僕は、自然と人間社会をつなぐパイプ役を目指します。子供たちにも、体験したことを大人や友達に伝えるメッセンジャーに「なってほしい」と力強く語る。まさしく、二一世紀の異文化間のミデイエーター（調停者）である。

第四章　ふだん着のグローバリゼーション

日常生活のグローバリゼーションを考える

CHAPTER 4

The Age of Multicultural Communication Power

グローバル時代の到来——ニュー・メイキング

二一世紀という時代は、物理的な距離が抹殺され、世界が急速に縮小し、国家間や異文化との相互依存が強まっていくであろう。その中で日本の経済、金融、社会、教育、その他の面で、グローバリゼーションが進んでいる。このグローバリゼーションに伴ってもたらされるものは、多文化との接触とその結果生じる摩擦や軋轢《あつれき》、それに戦争などを含む紛争問題である。

人種や民族文化も異なるさまざまな人々との共生、共存には、寛容な精神が不可欠である。その根底にあるものは、異質の世界への興味と好奇心、それに敬意である。以下では、グローバリゼーションが、各地域や各文化の人々の生活にどのように影響しつつあるのかを述べてみたい。

筆者があえて「グローバリゼーション」を定義するならば、「グローバリゼーションとは、世界経済のモノとカネ、それに情報が国境を越えてかけめぐるクロス・ボーダー・ムーブメント現象」のことである。しかも、グローバリゼーションの進行は、国家間の相互依存を強めていることも確かである。したがって「グローバル化の本質とは、国境をまたぐ人とモノの自由なモービリティ（移動）、新しい技術の急速な普及、それに国家間、多文化間の相互依存関係」と要約することができる。

問題は、「グローバリゼーション」という言葉が「国際化」と同様に言葉のみが一人歩きしてしまい、実態について全貌を示す方法論が存在しないこと。それに、「グローバリゼーション」が、アメリカに対抗するがごとく、「アメリカナイゼーション」のように対抗的に使用されていることである。（詳しくは、拙著「グローバル化の用語問題とグローバリゼーションの一考察」『Japan Negotiation Journal』Vol. 13, No. 2, 二〇〇三年、五八—七二ページを参照されたい）。

図　マルチカルチャー作業グループの管理

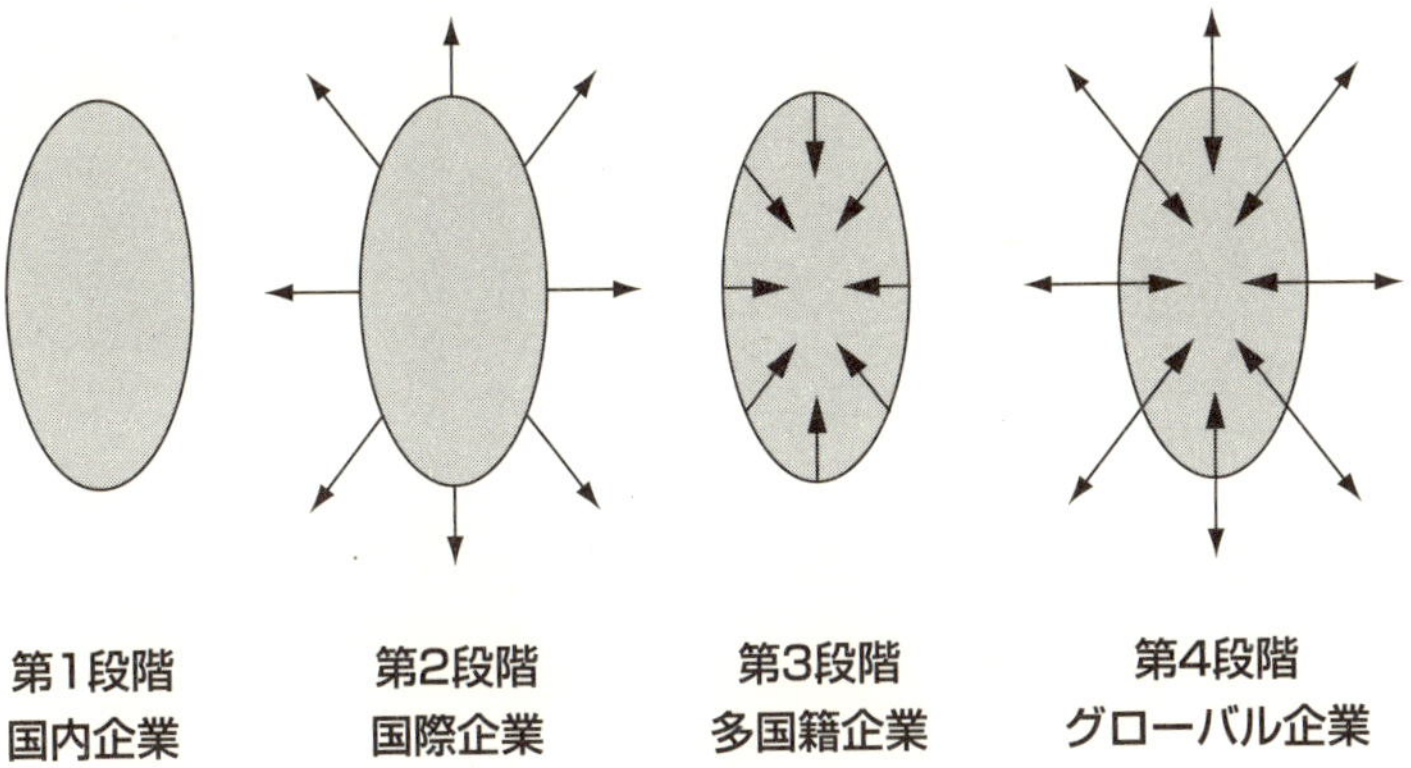

ただし、グローバリゼーションには、三つの世界的な問題が隠されている。一つが「地球温暖化問題」である。二つめに、世界中の「貧困問題」である。貧困問題がテロリストを生む原因にもなることを忘れてはいけない。三つめが、世界の「金融問題」である。これら「三つの基本的問題」に対して、二〇のグローバリゼーションのテーマが存在すると述べたのがJ・F・リシャールである。

「グローバリゼーション」によって、個人やグループが国家にかかわることなく、国境を越えて直接交わったり、関わり合いをもったりする、すなわちマルチ文化とのコミュニケーションがこれまで以上に進展することも確かである。これが可能になる理由は、ジェット機などの交通網の拡大やIT（情報技術）の進歩や発展を見れば明らかなことである。

「グローバリゼーション」のキーワードは、「より速く」「より便利に」「より快適に」であり、人々にこれまでより高いライフスタイル、より新たな発展のチャンスがもたらされた。しかし、反発も起きている。それは、利益の配分が非常に不平等で、誰もが共有できる社会的目的にベースを置いた規制に世界の市場が支えられていないからだ。われわれが直面している問題は、世界中にいる数十億の人々を惨めなままに放置するのではなく、グローバル化が世界のすべての人々にとってプラスなパワーとなるようにすることにある。

グローバリゼーションの課題――異質とのぶつかり合い

「グローバル時代」で避けて通れないのが「異質とのぶつかり合い」である。異文化との接触（contact）はこれまで以上に増すが、この異質とのぶつかり合いによって初めて創造的破壊パワーやセンスが育っていくことが、これまでは忘れられがちなことであった。

日本人は創造性がないといわれている。しかし、決してそうではない。環境がそうしているのである。例えば、違った学問分野の人、違った職業の人、違った年齢、性別の人、違った発想を持っている人との交流の場があまりにも少なかったことが、人材育成を阻んできたのである。

異文化にさらされることに抵抗を感じたり、反発する人もいるが、多様性へアクセスする道を開くことが大切だ。他国を受け入れない風土のあるフランスでさえ、グローバリゼーションに関しては、各国の特性を考慮した――地政学的なグローバリズムとナショナリズムといった二分法ではなく――多元的な見方を提唱している。

異文化との共存を可能にしたエアバスとツールとしての英語

ここまでは、グローバル化が進む時代においては、異質の文化のぶつかり合いや衝突が避けられないことについて述べてみた。では、異文化間の共生や共存は不可能なのであろうか？　答えはノーで、十分可能である。不可能といわれた異文化同士の融合を可能にせしめたのが、ヨーロッパの航空機会社の「エアバス」である。

ただし、それには共通言語である「英語」が不可欠であった。このことが、とかく忘れられがちである。アジアにおいて、エアバス社に匹敵する企業、例えば、仮称「アジア型エアバス」を創設する際に、日本はその企業に仲間入りできない場合がある。なぜならば、アジアにおける共通言語が日本語ではなく、英語になる可能性が大きいからである。日本以外のシンガポール、マレーシア、インド、フィリピン、中国、韓国などに比べると、日本人の異文化コミュニケーションの手段としての英語運用能力は、北朝鮮と同じく最下位に近いからである。日本人は英語で異文化ビジネスや交渉ができないというステレオ・タイプを持たれているのが現状である。

エアバスは、一九七〇年にイギリス、フランス、ドイツ、スペインの飛行機メーカーの企業アライアンス（連合）という形で発足した。当時、世界の航空機市場を独占し、そのシェアの九五パーセントを手中におさめていたのが、アメリカのボーイング社であった。そのボーイング社に対抗するために、エアバスは、ドイツで胴体を生産、フランスで制御・最終組立という分業化を始めたのである。当時としてはユニークな発想で、これがエアバスの特徴といわれた。エアバスのもう一つの特徴といえば、一〇〇席以上の航空機はエアバスのみで扱うという体制でスタートを切ったことであった。

しかし、エアバスのビジネスは一九八〇年の半ばまでは、不安定であった。が、二〇〇〇年過ぎに

図　国際化とグローバル化の対照

時代	1980年代	1990年代〜21世紀初頭
キーワード	国際化	グローバル化
伝達のスピード	ファックス（時差の格差配慮）	E-メール（リアルタイム）
国家意識	国境・国家の意識大	国境・国家の意識小
国際政治	冷戦	熱戦（テロ集団増加）
国際政治思想	自由主義対共産主義	人権・民主化・環境・ガバナンス
国際経済	資本主義対統制経済	市場経済のグローバル化
通貨	多様な決済通貨 ドル・円・ポンド・マルク・フラン・ルーブル	決済通貨の減少 ドル・ユーロ・円・人民元
マネー	カジノ資本主義 スーザン・ストレンジ （英国の経済学者）	マッド・マネー
製造業	日本・韓国・東アジア	中国が「世界の工場へ」
成長センター	日本・アジア・NIES 「東アジアの奇跡」	アメリカ(IT革命)・中国 アジア経済危機
経済モデル	日本型経営モデル	アメリカン・スタンダード
経済政策調整	日米欧の3極	アメリカ1極
地域協力	リージョナリズム	グローバリズム ナショナリズム台頭
メディア	一国家完結型 ローカルメディア	CNN現象 グローバル英語メディア アメリカメディアによる世界系列化 日刊紙・週刊誌・テレビの系列化・ダウ・ジョーンズ・AWSJ・CNBSアジア・FEER・ネーション紙
ビジネス言語	英語の重要性が指摘される	英語による支配・独占
国際基準	ISO国際標準化機構	世界標準・アメリカ標準・デ・ファクト・スタンダード 国際会計基準 国際決済銀行（BIS）・ペイオフ
情報通信	ワープロからコンピューターへ	コンピューター普及・携帯電話の普及・マイクロソフトの独占
人の移動	自由主義体制内での移動 社会主義体制内での移動	グローバルに移動
ヒトの種類	観光客・移民・難民・政治亡命者	観光客・移民・難民・密入国者・不法滞在者
犯罪 シンジケート	一国家完結型・体制内の組織 ファックス型テロ組織集団	多国間協力者型・グローバル化 IT型テロ組織集団 サイバーテロ（ウィルス）
教育	遠隔地教育	インターアクティブ教育
学問交流	学際的アプローチ Interdisciplinary Approach	超学際的アプローチ Transdisciplinary Approach
各分野の交流	コーポレーション	コラボレーション
文化交流	姉妹都市型モデル	民間外交モデル
文化間交流	異文化間モデル	多文化間モデル

（竹田いさみ氏の資料などを参考にして筆者が作成）

はボーイングを超えようとした。電気信号で制御するフライ・バイ・ワイヤーなど、斬新的でまた革新的な製品を開発した結果である。

二〇〇一年には、企業連合から株式会社に移行し、イギリスのBAEシステムなど、各国の個別企業のために働いてきた社員達をエアバスに異文化統合していくのを課題にした。それが実を結び、ビジネスが軌道に乗ったのである。エアバスの競争力は何といっても複数から成る「多文化間の組織力」であるという点である。異質、異色の考えや見解がぶつかり合うことで付加価値を生みだすことにつながったのである。一例を挙げるならば、ジャンボ型旅客機であるA380の全体計画では、フランスとドイツが競争した。それまでは、イギリスがエアバスの主翼を独占していたが、A380では、ドイツ人社員が主翼に挑戦した。異文化の間でお互いに競争するデザインを出し合い、議論を戦わせたという。

そこには、新しい空気、新しいアプローチが常に生まれる状況と環境があるという。例えば、イギリス人がリバプールの工場で生産するように、一つの文化で独自のものを生産するほうが簡単であるかもしれない。一つの文化の屋根の下で世界のため、また異文化の人々を乗せるジェット機を生産するのは容易ではないかもしれないが、やり甲斐のある仕事である。この意味で、エアバスは「異文化融合企業」とも呼べる。

西洋とアジアの異文化を融合するハンガリーと日本の共通点

ハンガリーには親日的な人が多い。なぜであろうか？　彼らには日本人とは祖先が遠い親戚同士という気持ちもあるらしい。ハンガリーの人々は、今では外見は西洋人だが、民族の起源はアジアになる。彼らは、ウラル山脈の東から出て、九世紀に現在の地に住み着いた。

例えば、家具やテーブル・クロスの飾りに昔からチューリップが使われてきた。チューリップは今ではオランダを代表する花だが、中央アジアが原産である。遊牧民であった彼らの先祖が草原をゆっくり移動していたころ、身近に見た花の記憶が意匠として伝えられたといわれている。

また、ハンガリーはクラシック音楽とも縁が深い。作曲家のリスト、バルトーク、コダーイ達を生んだのもハンガリーである。七音音階を基本とする西洋音楽の世界だ。一方、農民達が伝えてきた民謡は、五音音階からなっている。こちらはアジアに由来する。

東欧で社会主義体制が次々と崩壊した時、ハンガリーは反社会主義の先頭にいた。そのころ、「西欧の復帰」が合い言葉となった。民族の起源はアジアでも、歴史的には西欧に属してきたが、人々の感覚は東のものである。

二〇〇三年、中欧の国々の中で注目されているのが、ポーランド以外ではハンガリーである。EU（ヨーロッパ連合）加盟後の経済利害をめぐり、中欧ヨーロッパ各国の交渉駆け引きは政治色を帯びてきている。中欧が欧州経済の起爆剤、刺激剤となりうるのか。それともEUの結束を乱すトラブル・メーカーになるのかEU拡大の経済効果の答えは見えない状況である。ただし、ハンガリーはグローバリゼーションの台風の目になることは確かである。ちなみに、二〇〇三年のウィーン比較経済研究所の調査では、ポーランドのGDP成長率は、二・三％で失業率は七・六％であり、それに対してハンガリーの場合、GDP成長率は三・二％で失業率は六・〇％であった。

ザ・ビートルズにみる音楽とグローバリゼーション

以下では、普段はあまり気づいてはいないが、われわれの日常生活に見られるグローバリゼーションの現象の一端を「ふだん着のグローバリゼーション」と題し、多文化関係学と異文化コミュニケーションの視点にも照らしながら見てみたい。なお、世界を一体化する「グローバリゼーション」には、「光と影」が見え隠れすることも忘れてはならない。

まずは二一世紀になっても国境を越え、文化を越え、地球的規模の影響を与えている音楽グループである「ザ・ビートルズ」に見るグローバリゼーションから始めたい。

一九六〇年代の文化を象徴したのは、何といってもイギリスが生んだ「ザ・ビートルズ」である。彼らは一九七〇年代に解散したが、今でも存在感を維持している。「二〇世紀最大の音楽グループ」とタイム誌が評価したことは、われわれの記憶に新しい。

メンバーの中心的存在であったジョン・レノンは、一九七〇年にニューヨークのダコタ・ハウス前で弾丸に倒れたが、二〇〇〇年はビートルズ回顧の節目になった。メンバーの四人はイギリスの経済衰退が進んだ港町のリバプールで育った。ジョン・レノンは、夫人であったオノ・ヨーコに、「地元リバプールの繊維産業が衰退したのは、日本のせいだ」と言ったそうである。しかし、ザ・ビートルズは一九六五年には、エリザベス女王から名誉ある勲章を授与された。彼らが勲章を受章した最大の理由は、ビートルズが当時、経済低迷国といわれていたイギリスに経済的なグローバリゼーションの種子をまいたこと――すなわち、彼らの成功は斜陽の国といわれた「大英帝国」の外貨獲得に貢献したことにある。

過去の遺産に頼ってきたイギリスは、お家芸であった金融以外に「音楽」や、ビートルズが流行らせた「襟なし服」などのファッションやデザインなどの新しいソフト産業に、活路を見出すきっかけを作ったのである。衰退したといわれた軍港リバプールが、今度はソフト産業のハブ（中心点）に変わり、世界中からも注目されるようになった。リバプール発の新たなグローバリゼーションの始まりである。

米国のアフロ・アメリカンが生んだ音楽に、ジャマイカ生まれのレゲエとアメリカ生まれのラップがある。これは、一九五〇年代に流行した「カリプソ・ミュージック」や「リンボー・ダンス・ミュージック」とも異なる。アメリカに住む黒人系が生んだレゲエとラップという二つのタイプの音楽は、彼らのルーツであるアフリカに、今度は逆輸入されストリートの若者に大変な支持を集めた。レゲエやラップは歯切れがよく、テンポのよいリズムの音楽である。しかも、それはローカライゼーションという枠組みから、国境を越えて若者の心をつかんだ音楽の「グローバリゼーション」の一例といえる。

空港に見るグローバリゼーション

人間が異文化に対して行動する場合、グローバリゼーションを可能にせしめる上で欠かせないのが、空港の役割である。特に主要空港は各国の表玄関であり、その文化の「顔」でもある。二〇〇一年に新東京国際空港公団が邦人旅行者を対象に初めて実施した「旅客満足度調査」では、成田空港がアクセスの点で、世界の主要二五空港中、「ワースト・ワン」だったことが二月二二日に報道された。羽田空港のグローバル化が注目される中、「遠くて不便」という成田があらためて浮き彫りにされたのである。調査は五〇〇〇人を対象に行われたもので、出発時、到着時の空港のグローバルスタンダードに基づく使い勝手などを一〇点で評価し、一六一〇人から回答を得たものである。総合評価では、アジアのシンガポールのチャンギ空港が出発時、到着時ともにトップで、成田は八位と三位であった。アクセスの問題や空港関係者らの接客態度では、成田は世界標準から言えば評価が低かった。反面トイレの清潔さなどでは評価が高かったという。

だが、国際空港から都心までの距離を比べてみると、ニューヨークのJ・F国際空港からマンハッタン市内までの距離は二三キロ。パリのシャルル・ドゴール空港からパリ市内までが二五キロ、シンガポール・チャンギ空港から市内までが二〇キロ、フランクフルト・マイン空港の場合、都心までの距離はたったの一二キロ、それに比べ成田から東京都心までの距離は何と六〇キロである。ちなみに、関西空港から大阪中心部までも五〇キロ。ただし、羽田から都心までは、何とたった一九キロである。

一九九〇年後半からマレーシアのクアラルンプール新国際空港、香港国際空港が相次いでオープンし、アジアの拠点空港の「座」をめぐっての競争が激しくなっている。その中で成田空港の地盤沈下を懸念する声が出ている。日本の顔である成田空港のインフラ整備が大きな鍵を握っている。世界で一番高い「空港使用料」をグローバル・スタンダードに引き下げ、ソフト面で改善したりして、長期的な視点にたった空港施設設備や利用性アップの取り組みをしてみてはどうか。北海道の千歳空港などを航空便の中継拠点である「ハブ」空港にすることもオプションの一つであるが。

建築に見るグローバリゼーション

日本に世界中から建築家達が数多く仕事に来るようになったのは、バブル経済期の頃からである。飯島洋一氏によれば、以前にもそのような現象はあったが、それほど目立つものではなかったようだ。最盛期は一九九〇年のバブル経済の終わりにかけて、アメリカはもとより欧州のイタリア、オランダ、イギリス、それにフランスなどのさまざまな国の建築家が日本に滞在し、「マスターピース」を作っていった。彼らの来日の目的は、まず当時の日本の「経済力」に密接な関係がある。しかし、それに加えて「情報化」と「物理的距離の抹殺」もそれに一役かっていたのである。ジェット機を使えば異国の仕事現場への往き来も容易だし、現場に行かなくてもファックスやEメールでもコミュニケーションは可能である。ある欧米の建築家は、ファックスと時差を巧みに使って、わずか九カ月の間に日本で建築を完成させたという。

その後もさまざまな異文化から建築家が日本にきて仕事をしており、数年前にアメリカの建築家ジョン・ジャーディが九州博多で手がけた「キャナルシティ博多」などもその一例である。この建築は文字どおり、人工のキャナル（運河）を建物の中心に位置づけ、そこに劇場や映画館、ショッピング街、ホテル、レストランやカフェなどを集合させたジャイアント・アリーナである。デザインも豊かでトロピカルやアールデコが使用されていたり、またゴシックやモスクを思わせる意匠も目にすることができる。

特筆すべきは、「キャナルシティ博多」は、九州の一地域に建設されたものであるが、結果的にはどこの国でもない、「コズモポリタン」のデザインになっている。中には、これを「無国籍都市」と呼ぶ人もいるが、異文化の建築やデザインが融合した多様性を秘めた「コズモポリタン都市」である。

グローバリゼーションを提唱する新しい時代は、古いしきたり、慣習、伝統、スタイル、あるいはローカルである地方や国家を超えてゆく大きな可能性があるといわれている。ジョン・ジャーディのコズモポリタン的な創造力とデザイン力は、グローバリゼーション時代の一つの可能性を示唆するものであるといえよう。しかしかりにそうであるならば、素朴な疑問かもしれないが、他方では、われわれのもつ「アイデンティティ」は一体どうなるのかという疑問も湧いてくる。

さまざまな文化が交差することは、望ましいことである。しかし、文化と文化が交差し、その後、交流する場合には必ず文化間の葛藤や摩擦、時には軋轢が生じることも確かである。自己に固有な文化（特に文化価値）や地域性についても、われわれは十分に考えを深めると同時に、情報を収集し知識を深める必要もある。現代のようにIT革命や情報新革命時代で、世界がますます狭くなってゆく時代にこそ、固有の古い文化も見直し、再評価する必要もある。

ジャガライモが日本の食文化を変える

「食文化は世界を越え、世界を変える」という。高知県出身で「日本植物学の父」と呼ばれた牧野富太郎氏の理論はそれを実証した。富太郎のことを「アジアの植物学の父」または、「グローバル的植物学の父」と呼ぶ人がいるのはその理由による。富太郎の名著『牧野植物随筆』を読めば、多くの読者はそれに気づくとともに、内容に圧倒されるという。

例えば、一般にジャガイモとして知られている「馬鈴薯」に関して、富太郎はそれを「断固として、

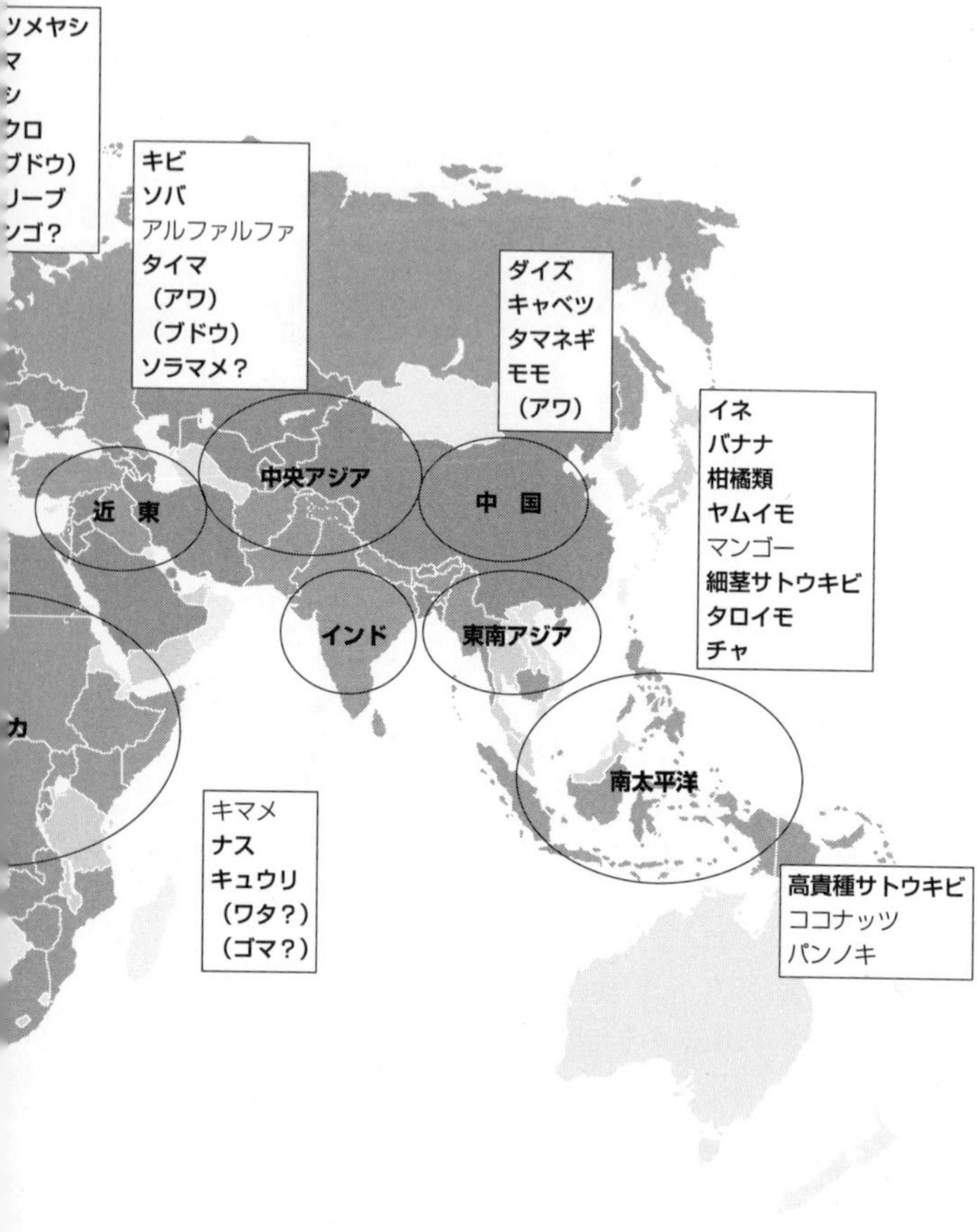

地が複数と認められる場合は（　）が付してある。太字（ゴシック体）は日本列島に伝来したもの

) 安達巌：『世界史に探る日本型食生活』32〜33．同文書院
) JR・ハーラン：「栽培植物と家畜」（『サイエンス日本版』）日本経済新聞社

図　植物が栽培化した地域（ハーラン説）

コムギ
オオムギ
タマネギ
エンドウ
ヒラマメ
イチジク
エンバク
サトウダイコン
ライムギ
キャベツ
（ブドウ）
（オリーブ）
ヤムイモ
パイナップル
（キャッサバ）
（サツマイモ）
（ワタ）
（ヒマワリ）
テパリビーン
グラベリマイネ
モロコシ
トウジンビエ
シコクビエ
ヤムイモ
スイカ
ササゲ
コーヒー
（ワタ？）
（ゴマ？）
北アメリカ
中央アメリカ
低地
南アメリカ
高地
南アメリカ
トウモロコシ
トマト
シーバビーン
ベニバナインゲン
ワタ
アボガド
パパイア
カカオ
（キャッサバ）
（サツマイモ）
インゲンマメ
ジャガイモ
ピーナッツ
ライマビーン
（インゲンマメ）
（ワタ）

放逐すべし」と強調する。また、それに関しても富太郎の随筆をひもとけば、なるほどと納得できる。ジャガイモは南米大陸産であり、それがヨーロッパへ広がり、安土桃山時代に今のインドネシアの首都であるジャカルタを経由して渡来し、「ジャガライモ」と呼ばれたという。グローブ（地球）を一周した後、「ジャガライモ」が縮まって「ジャガイモ」となったという。

その後、江戸時代になって今でいう植物学者（本草）学者であった小野蘭山が「中国の馬鈴薯」とし、その人気が広まったという説ができた。しかし、富太郎によればこれは大違いであるという。蘭山は資料を読み違ったらしい。富太郎は、「ジャガイモを馬鈴薯というのは、ヒトを馬と言うようなもの」と釘をさしたのである。

コロンブスによるアメリカ新大陸発見は、ヨーロッパの食文化のみならず、食のグローバル化に影響を与えたと言える。

コロンブスが新大陸を発見するまでは、ヨーロッパ中世の典型的な食べ物といえば、小麦と少々の豚肉入りの煮込みスープであった。しかし、コロンブスの一四九二年の大航海によって新しく紹介された「トウモロコシ」はじめ、「ジャガイモ」「サツマイモ」「かぼちゃ」「インゲン豆」「ピーナッツ」、それに「トマト」や「トウガラシ」が、ヨーロッパの食卓にのるようになり、その後アメリカをはじめ、世界中の食卓に一大変化をもたらすことになるのである。

コロンブスの大航海は、新大陸で発見された作物をヨーロッパに運んだだけではなく、むしろ、まず「ココア」「キャサバ」がアジアやアフリカに移植され、「トウモロコシ」が、インドから東南アジアを経て、百年後には、長崎にも持ちこまれ紹介されるのである。

さらに、旧大陸の「小麦」「オリーブ」「砂糖」や家畜が、今度は新大陸に持ち込まれるのである。また、「コーヒー」や、「茶」「砂糖」が今度はアジアから新大陸に紹介されるのである。ヨーロッパ人を媒介としてグローバルな規模での栽培植物の交流が始まった現象のことを、コロンブスにちなんで、「クロスビー」（コロンブスの交換）と呼ばれるのはこのためである。なお、コロンブスがスペインに持ち帰った「トウガラシ」はその後、インド、東南アジア、中国に紹介されることになる。その後、朝鮮半島で「キムチ」が作られ普及する。これが「トウガラシ・ルーツ伝説」と呼ばれるものである。

スポーツに見るグローバリゼーション――タイガー・ウッズ

アメリカのゴルフ界に新風を巻き起こしたゴルファーといえば、タイガー・ウッズである。二〇〇〇年にゴルフの発祥地であるスコットランドで開催された「全英オープン」で、二四歳で「四大大会制覇」を達成。最年少の偉業を成し遂げたのである。ゴルフ界の「人種の壁」に大きな風穴をあけ、世界の頂点に立った。「大切なことは、自分はアメリカ人であることだが、カブリネージアン（CABLINASIAN）でもある」と日頃から語っていることである。CAとはCaucasianの「白人」のことであり、BLとは、Blackの「アフリカ系」、NAとは「先住民族」Native Americanのことで、SIANとはAsianの「アジア系」ということである。ウッズは「六種類の異文化の血」を受け継いでいる。

「父親には、アフリカ系アメリカ人と先住民族の血が、そして母親には、オランダ系とタイ、それに中国系の血を受け継いでおり、自分はそれ（異文化融合）を誇りに思っています」と語っている。ウッズの活躍が、少数派民族といわれる「マイノリティ」のゴルフ挑戦を励ましている。なぜならば、ゴルフはアメリカにおいては、圧倒的に白人中心のスポーツであったこと。そこに、六種類の異文化の血を受け継ぐ、当時二一歳の青年が、全米「マスターズ」でも史上最年少で優勝を果たしたからである。非白人の優勝は、ウッズ以前存在しなかった。

ウッズの登場で、これまでゴルフを知らなかった人々までも、ゴルフに関心を持つようになった。ウッズの人気は老人から一〇代の子供達にも及ぶ。また、ウッズは非白人の子供達にも、ゴルフ教室を始めたのである。ウッズは非白人の異文化バックグラウンドを持つアメリカ人にも、ゴルフの楽しさを示し、ゴルフ界でも「タブー」視されていた人種問題にも目を向けさせたのである。ウッズは「この国には肌の色を理由に、自分にプレーさせないゴルフ場がまだ十数カ所残っている」「マスターズでの優勝は、少数民族のマイノリティにもゴルフを開くことになった」とNHKのテレビ番組「クローズアップ現代」の中でも語っていた。タイガー・ウッズ・ブームが人種の「融合」と「調和」を象徴するシンボリックな社会文化現象となった。これと同時に、ウッズはゴルフのイメージを変え、人種と世代、異文化、それにグローブを超越したヒーローといえる。

プロ野球に見る内・外のグローバリゼーション

日本の「野球」スタイルは、日本の行政と同じく、「護送船団型」だそうだ。例えば、二〇〇一年の年間最多ホームランを直前にした近鉄バッファローズのローズ選手は、対ダイエー戦で四球ぜめにあった。ダイエーは試合には勝ったものの、コミッショナーから「公平でなない」とクレイムがかかった。なぜ、ダイエーはローズ選手を四球攻めにしたのであろうか。答えは簡単明瞭である。これまで五五本というホームラン最多記録を作ったのがダイエー監督を務めている王貞治氏であるからである。言い換えれば、ピッチング担当コーチの王監督に対しての「配慮」の結果である。これは、上司をかばうという日本文化の一行動パターンかもしれないが、フェア・プレーに基づく勝負の精神ではないととらえられたのである。この監督の記録保持を至上とする護送船団野球スタイルは、大リーグに追われる野球の象徴であろうかとも紙上でも伝えられた。

野球における敬遠やバントも盗塁もルール・ブックには明文化はされている。しかし、ベース・ボールとしてのメジャー・リーグにある「暗黙のルール」には、メジャー・リーグで活躍したイチロー、野茂、佐々木、それに新庄などの選手もとまどったそうである。例えば、大差で勝っているゲームを想定してみよう。メジャー・リーグでは、大差で勝っているゲームでは、盗塁やホームランを打った打者の「ガッツ・ポーズ」はタブー（暗黙の禁止）になっている。これが、文化価値（望ましい行為や考え。または、望ましくない行為や考え）といわれるものであり、ときには、これが文化間の紛争や摩擦の原因となる。

このガッツ・ポーズがタブーという文化には、個人と個人が素手で向き合うアメリカの開拓時代の精神が見え隠れする。日本にもかつて、武士道という勝負や戦闘にまつわる「暗黙のルール」や道徳があったといわれている。例えば、剣道などでも人と人は面と向かって勝負するのが習わしであり、背後から攻める行為は卑怯であるとされている。この江戸時代から伝わる日本式フェア・プレーの精神が、いまアメリカのメジャー・リーグの野球で教えられている。

メジャーのオールスターに見るグローバリゼーション

二〇〇三年、米メジャー・リーグのオールスター戦に三人もの日本人選手が選ばれ、出場した。「MIH」の松井、イチロー、長谷川投手の三名であり、これは快挙といえる。米メジャー・リーグでは「実力」、「人気」、「運」のどれを欠いてもオールスターには出場できない三つのテーゼがある。実力がなくても、人気があれば出場できる日本の夢の球宴とは一味違う。松井は初打席の初球を見事にレフト前にヒット。イチローはヒットなしであったが、守備でのファイン・プレーでファンにアピールした。投手の長谷川は逆転2ランを浴び四点を失ったものの、「力」対「力」の対決で打たれたためか悔いはなく、かえってサバサバした表情であった。

日米のオールスターの文化的違いは、観客の層にも見うけられた。客層は日本よりはるかに多様で、父と息子、祖父祖母に孫が多かったという。これは、アメリカでは野球は家族で楽しむゲームであり、そのためか入場料も日本よりはるかに安い。また、アメリカでは父親が息子に三つの技を教える義務のようなものがあり、それら三つとは、(1)釣り、(2)キャンプの火おこし、(3)野球のキャッチ・ボールである。

「アメリカと聞いて、何と説く?」の答えには、(1)アップル・パイ、(2)ホット・ドッグ、(3)シボレー(車)というコマーシャルの名句もあるが、ベースボールが生活の原点であり、親子の教材であるアメリカであればこそ、野球場では年齢を越えた世代が童心に還れる場所でもあるという。そんな風景は日本では、淡い夢と映るらしいが、少年事件が続く日本でも、野球から「ベース・ボール」のようにスピードのある、世代を超えて楽しめるゲームにしてもらいたいものだ。そのためにも、入場料は現在の四分の一に下げてもよいし、もっと全国のいくつかの主要都市に地方球団が増え、地元の人が地元チームを応援でき、球場に家族で足を運べる新しい改革とシステム作りが必要だ。

アジアに見るJapan感覚とグローバリゼーション

一九九〇年代といえば、日本の国内の経済成長率が低下した時期である。この日本の変化が皮肉にも中国や韓国の経済成長と背中あわせであったために、日本のアニメやマンガやヤングポップス音楽などソフト面のいわゆるJポップカルチャーの海外への浸透は加速的に進んだ。Jポップカルチャーは、デザインなど多いに魅力を感じさせた。それは、製品のオリジンは欧米に発していても、それにアジア独特の味をたして、プラスアルファーの新製品がつくられたことに起因しているのかもしれない。

沐浴《もくよく》に見るグロバリゼーション

沐浴《もくよく》とは「湯水で体を清めること」である。(『日本語大辞典』)A・L・クルーティエは著書『水と温泉の文化史』の中で、沐浴《もくよく》は世界中で宗教、医療、社会とさまざまな場面で人類の歴史を彩ってきたと述べている。

例えば、古代のゲルマン人やケルト文化では夏の到来を祝う五月祭《さつきさい》に泉に身を浸し、自然に感謝したという。古代ローマ人やギリシャ人は公共浴場をつくり、特にローマ人は入浴を一大文化に高めた。ローマ風呂で有名な英国の都市バースは直訳すれば「風呂」であり、昔の英国はローマの影響を受けただけあって、入浴を好んだという。ちなみに、ロンドンという言葉は元をただせば「ラテン語」すなわちイタリア語に由来する。

クルーティエによれば、日本人同様イスラム社会の人々も風呂好きであったという。イラク戦争の舞台となったバグダッドには昔、三万軒もの公共浴場（ハマム）があったようだ。これもローマの浴場跡に始まったものであり、イスラム教徒にとっては彼らの生活上、楽しみと同様に大切な瞑想《めいそう》の場でもあったようだ。この入浴文化、対人コミュニケーションの言葉でいえば「裸の付き合い」の魅力をヨーロッパに逆輸入したのが十字軍であった。中世キリスト教社会が異文化体験で変容したのである。

二一世紀の十字軍と喩えられるのが米国とヨーロッパ諸国である。しかし、両者の関係には深い亀裂が見うけられる。二〇〇三年六月にフランスの水のメッカである「エビアン」で先進国首脳会談が開かれた。各国の首脳達がしこりを水に流し協調に向かうかどうか、会議は水物であると言われた。

ファッションに見るグローバリゼーション

「国境が最初に取り払われたのが、ファッションの世界」と発言し、話題となったのがファッション・デザイナーの森英恵さんである。森さんがグローバル的に飛躍するきっかけをつかんだのは、一九六一年のニューヨークを旅した時のことである。

森さんがニューヨーク市内の有名なデパートに行くと、上の階に行くほど高級洋品が展示され、ヨーロッパの有名なデザイナーのものは最上階で販売されていた。一方、安物は下の階にあり、日本製といえば「地下」で販売され、「一ドル・ブラウス」で粗悪品であったという。森さんはそれを見てプライドが傷つけられ、「これは、何とかしなくちゃ。私はニューヨークで仕事をする」と決めたという。三五歳の時であった。

「国境が最初に取り払われたのが、ファッションの世界」という信念を裏付けるように、森さんは、その才能を頼りに世界のファッション界に進出し、日本のデザインを世界に紹介するとともに、世界中に多くの森英恵ファンを持つことになるのである。

しかし、日本の繊維産業は、森さんがニューヨークの地下室で深い屈辱感をかみしめた一〇年後、国境の壁にぶつかったのである。対米輸出をめぐって戦後の日米両国が初めて直面した本格的な通商摩擦である。品質を高め、米国市場に浸透していった日本の繊維製品に対して、経済力の衰えとともに高まる国内の保護主義に押されたアメリカが、日本に輸出規制を求めてきたのである。時のリチャード・ニクソンの六八年の大統領選挙での当落の鍵を握っていたのが南部であった。この南部票を固めるため、ニクソンが対米輸出規制の実施を確約したことが背景にあったという。

伝統織物に見るグローバリゼーション

フランスが生んだデュフィのデザインは、本場ヨーロッパのみならず日本でも有名である。また、そのファンも世界中に多い。デュフイは若い頃、服地の意匠で生計を立てていたという。彼がすばやいタッチで色彩豊かに描く紺ぺきの地中海や緑の競馬場は、ダイナミックでさわやかであるというのが専門家達の意見である。しかし、フランスのデザイナーが生んだ服地を下請け生産していたのは、パリっ子やリヨン子ではなく、イタリア人であった。

その下請け関係者も「伝統文化」の力を発揮し、戦後デザインを高めたという。これは日本の合繊が世界を席捲したことに「危機感」を抱いた結果だそうである。今日のイタリアのファッションは、世界の最先端を走っている。しかも、それはローマやナポリやフィレンツエのような都市ではなく、日本でいえば北海道にあたる北イタリアの「コモ市」が中心の生産地であり、生産の七割は国境を越えた他の国々に向けられているのである。

コモ市は、人口が一〇万人に満たない小さな市であり、繊維業を担うのは零細企業や中小企業者であるのが特徴である。

世界の人々が疑問に思うことは、この小さな町で「世界的トップブランド」がなぜ生まれるかということだそうである。それには、どのような理由があるのだろうか。まず戦後、日本の石油化学の大手はイタリアのモンテカチーニ社のポリプロピレンの技術導入を競い、「モンテ詣で」を展開したからだそうである（日本交渉学会研究発表資料）。

次にグローバル時代の異文化心理コミュニケーションにも関連することであるが、コモ市の業者は異文化とのヒューマン・コミュニケーション・ネットワークを張って、デザインを求め競い合う習性を持っていることで知られている。世界のブランドのそれぞれが自立しつつ分業している。日本の伝統的な街である金沢、福井、足利の若手層はコモ市の業者と人的な異文化交流を始めたのである。

日本の伝統文化に基づいた合繊技術を再確認する一方、「加賀友禅」や「西陣」その他などを見て新鮮な感動を覚えている。周辺（辺境）の小さな町から生まれる伝統品を造る人材の中には、大都会をパス（通過）してグローバルに通用する意匠が潜んでいる。この現象こそ、「ペリフェラル（周辺型）・グローバリゼーション」、またはローカルがグローバルになりえる現象、すなわち「グローカリ・ゼーション」と呼べるものである。

『論語』に見るグローバリゼーション

では、グローバリゼーションの多様性と異文化共存を目指すためのキー・コンセプトは、いかにして培えばよいのであろうか。その活用方法はあるのであろうか。答えはイエスである。『論語』がそれに対する鍵を握っているといっても過言ではない。例えば、『論語』に次のような名句がある。「子曰く、君子は和して同ぜず。小人同じて和せず」（子路二三）。

二つ目が、「子曰く、君子は義に喩《さと》り、小人は利に喩る」である。

すなわち、「君子」（徳のある人物・道を知っている人）は、「義」（節操）に喩り（敏感であり、明るい）、小人（徳のない人物・道を知らない人）は、「利」に喩る（利益）になるか、ならないか、儲かるか、儲からないかばかりを考えている。孔子が強調したのは、たまには「損をする覚悟」をもった人物は君子であるということである。「損して得取れ」という諺があるが、君子が強調したかったのは、「損」して「徳」を取れではなかろうか。

例えば、現代の日本では、一流の企業に入ったから安定型の「勝ち組」という時代はもう過去のものになった。これまで、戦後エリートと呼ばれていた人は、「利潤」ばかりしか考えていない人が多いため、孔子から言えば小人に見えたといえる。日本の官僚、政界、財界には君子が少なくなったということである。これは、グローバル化を推し進めようとしている他の国々の「君子達」にも当てはまることである。したがって、グローバリゼーションを多面的に考える際に必要なコンセプトは、「和して同ぜず」と「君子は義に喩り、小人は利に喩る」といえる。

「ゼロサム（負け勝ち）交渉」から「紛争・協調交渉」の時代へと、冷戦終了後の二一世紀初頭において国際政治のダイナミズムが大きく変容した。軍事力が各国の力関係の決め手とはならず、経済のグローバル化によって、相互依存関係が後戻りできないところまで深化したことである。世界レベルでヒト、モノ、カネ、情報などの相互作用が急速に高まり、情報コミュニケーションズの増大が「グローバリズム化」（世界標準化）を推し進めている。例えば、日米両国から見ると、イデオロギー対立が終わった今、「改革・開放政策」によって市場経済化への道を歩み始めた中国を、相互依存の世界にいざなうことは、相互の利益になる。しかしである。中国政府からははっきりと同意は得ていない。力の信者である中国首脳部は「日米対中国」の二対一の関係になるのを恐れているようである。「ゼロ・サム」（一方が利益を得、他方が損をするという交渉学の用語）ではないにしても、政治面では人権、民主主義、台湾問題、核ミサイル拡散問題など「対立点」を抱えているだけに、今後とも「紛争と協調」「摩擦と平和解決」の両面が現れ、複雑なゲーム展開になることが現実である。

グローバリゼーションの影——日・英の「恥じらい」の違い

グローバリゼーションを考える上で忘れてならないのが、グローバリゼーションの影の側面である。以下では、それについて若干触れてみたい。

歴史的に日本文化の二大特徴は、「恥の文化」と「甘えの文化」といえる。最近、日本文化で忘れられつつあるポジティブな文化価値（cultural value）である「恥じらい」が失われつつあるという英国の学者も存在する。日本の「恥じらい」と英国の「恥じらい」について少し探ってみよう。

英国のシェイクスピア俳優であるジョン・ギールグッドは「演じるということは、恥が半分で光栄が半分である」という名句を残したことでも有名である。言い換えれば、「自分をさらし出すとき恥であり、自分を忘れられるとき光栄である」という意味でもある。「恥と光栄」の文化は何も芸術に限ったものではない。それは日本文化に歴史的に根付いた「心情」でもあり、またそれは、戦後アメリカの女性文化人類学者であったルース・フルトン・ベネディクトの『菊と刀』の名著を通して、世界的にも知れ渡るようになった。しかし、それが現代の日本で無残にも、葬り去られようとしている。

ギールグッドは二〇〇〇年に九六歳で死去したが、名優の死に近年日本文化がなおざりにし、失いつつある「恥と光栄」の文化を思わざるをえない。

ハイテク移民問題から見たグローバリゼーション

厚生労働省によれば、日本で働く外国人の数は二〇〇〇年で約六七万人であった（七年間で九万人増）。このうち一万六〇〇〇人が技術者であるという。問題は観光目的で日本に入国し、そのまま帰国せず働く「不法残留者」の数が、二五万人にものぼることである。

厚生労働省は、小子化の影響で二〇〇五年をピークに労働人口がさらに減少し、二〇一〇年までの五年間で合計一二〇万人が減少すると報告している。今後の労働者不足を補う意味での外国人労働者導入は、かなり慎重に考えなければならないといわれている。例えば、日本はドイツの外国人労働者政策の二の舞を踏むべきではないという意見が強い。

ドイツは多国籍国家か?

ドイツでは、一九六〇年代に労働者不足から、一定時期在留したら帰国することを前提に、トルコ人を大量に受け入れた。しかし、一九七〇年代に、労働力が過剰に転じるという事態になった。そこで、トルコ人を含め外国人労働者の受け入れを厳しく制限した。しかし、現在ドイツには二〇〇万人以上の外国人労働者が存在し、失業が深刻になっている。一方外国人のIT関係の頭脳技術者達は二〇〇〇年の八月から積極的に受け入れる政策を始めた。現在はその数約二万人である。

外国人労働者の受け入れは国のあり方にも関係する。日本はバブル期に人手不足という視点だけで外国人労働者の受け入れを議論した。アメリカやカナダ、それにブラジルなどは建国の時代から多国籍国家であり、イギリスやフランスはインドやインドネシアなどの植民地との関係があったことから、ある程度の外国人受け入れの経験がある国である。しかし、ドイツはそういう背景も、どういう考え方で国を創っていくかもあいまいなまま、トルコ人を受け入れ「移民的国家」になって苦悩したのである。

日本は多国籍国家になるのか、そうではなくドイツの轍《てつ》を踏むのか、踏まないで独自の対策を発案するのかを議論する必要に迫られている。これに関して、二つの見方がある。

第一に、外国人労働者の受け入れは、社会的コストの増大や犯罪の増加につながるという見方がある。

二つめには、グローバル化の流れの中で、外国人労働者が日本に入ってくるのはやむを得ない。したがって、外国人労働者をフルに活用するルールを確立すべきであるという見方である。つまり、労働福祉事業団理事長の若林之矩氏のように、外国人労働者の受け入れは日本の雇用システムのルールも国際化にしなければならないということである。それにはかなりの「リスク」が伴う。

これは、政府の政策だけの話ではなく、日本の社会システムのさまざまなルールを変えていくことでもある。世界各地に現地法人ができ人事交流が広がるが、好むと好まざるとにかかわらず、日本人と外国人を区別したような人事政策は困難である。新たなルール作りを急速に実行し、日本人もルールに従わなければならないことを前提にしなければ、上滑りの議論で終わってしまいそうだ。例えば、技術労働者などをいったん受け入れた以上は、永住権を与えて最後まで日本が責任を持つという考えもある。また、経済学者の中村二郎氏が説くように、外国人労働者は帰国してもらうことを基本に受け入れ、帰りやすい環境を作ることも重要だという意見もある。それには、福祉、環境など将来の創設分野では、外国人単純労働者が日本の女性や高齢者と競合するところが随所にあるので、この分野においても調整が必要である。危機管理のコミュニケーションを、官・民の機関で行う必要がある。

今後は彼らが帰りやすい環境を作ることが必要であるようだ。人材を作り出す国のマーケットを整備し、外国人労働者の技能を日本で向上させ、その後本国へ帰国してもらうという体制である。ドイツの失敗は、最初は一年契約でトルコ人を受け入れたが、契約が終わって帰国した後のことまでトルコ政府と話し合わなかったことから、異文化間の民族紛争にまで発展したのである。例えば、トルコ人労働者を受け入れてきたドイツでは、ドイツ語しか話せないトルコ人二世に、国の費用でトルコ語を教える教育環境をつくった。異文化の人々と共生していくには、それぞれの文化を残していかなければならない。外国人を受け入れるには、そこまで社会的コストがかかることの心構えが必要だ。今後日本では、介護に携わる外国人労働者の受け入れが必要なことは明白だろう。

土地・労働の問題から見るグローバリゼーション

経済学者である香西泰氏は、ある講演で次のような見解を述べたことがある。「情報、商品、資本、技術、企業は世界的に、しかもますます速いスピードで移動する。だが、労働の移動は制約されがちで、土地は物理的には移動しない。」

これは、つまり、技術革新とグローバリゼーションの利益は大きい。しかしその反面、問題となるのは、資本の移動にはレイバーである労働が取り残される場合があるという事実である。この場合に、生産要素の間で移動スピードに差が生じると、過渡期の調整コストは移動できない生産要素にかかってくるのが常である。ところが、移動できない生産要素である「土地」の上に存在する「人口」こそが政治の単位である「選挙区」である。このため「経済のグローバリズム」と政治の「保護主義的」な地域主義である「リージョナル・ローカリズム」の対立はそこに根差すことになるのである。

グローバリゼーションと地域主義と地方主義

グローバリゼーションは、時として「地域主義」（リージョナリズム）や「地方主義」（ローカリズム）と摩擦や軋轢を生みやすいが、長期的には大きな利益を生むことは確かである。では、この点において、日本は何をすればよいのであろうか。例えば、香西泰氏のように、日本は（1）「創発（創造発信）力」を基に近隣各国や地域を主導してグローバル化を推進し「開かれたアジア」を発展させ、その後、（2）長期的なグローバル化を進めてこそ、西洋合理主義と東洋道徳の長所を融合でき、環境や人権などの人類的問題解決も可能になるという意見もある。グローバリゼーションを推し進める上において、今後の争点（Issue）になるのは国際ルールをどう設定するかである。たとえば、今のグローバル・スタンダードと呼ばれている国際ルールは欧米（特にアメリカ）で生まれたものであるため、彼らが設定した利益に合致する傾向が強い。ただし、欧米文化の中で長年、歴史的に培われてきたスタンダードの中には、日本の政治文化で軽視されがちな価値観――例えば、法に対するチェック・アンド・バランスの理念、法の透明性、支配、説明責任である「アカウンタビリティ」――を備えているものである。これらの文化価値観は、非欧米諸国が欧米諸国に対して交渉や意志決定を行う際に必要な異文化間のコミュニケーションや、権利を主張する際には、必要な武器として役立つ場合が多い。香西泰氏も述べているように、「それはまた、国内改革に際しても有効な指導精神となりうる場合が多い。百年、千年の単位で考えれば、欧米の合理主義の最良の部分は、東洋道徳の最良の部分と調和して、人類文明の構成要素となりうるだろう。グローバリゼーションを全否定することは、その可能性を拒むことになる」ことも確かである。

異文化間コミュニケーションの視点で見るグローバリゼーション

次に異文化コミュニケーションの視点で、グローバリゼーションをとらえてみたい。

異文化コミュニケーションの分野では、「グローバリゼーション」とは思考や行動のパターンを内向き的な偏狭な見方から、よりオープンで外向き的なトランスナショナルへ向かわせ、個人と組織のリソース（資質や資源）をより効果的に利用できるような心理状態にすることである。また、グローバリゼーションとは、壁のない世界を創造することであり、それはコミュニケーションズ・テクノロジーと交通や輸送技術の進歩によって可能となる。これはまた、国境を越えてアイディア、資本、技術、および人々が急速に移動するプロセスの中でみられる。例えば、ラッセルによれば、これらを成し遂げるためには人々は、次の三つのパラダイムに基づいて行動ができると述べている。

第一のパラダイムとは、マクロ経済や社会開発、人口統計学の発展をもっとよく理解するためには、まず「ビッグ・ピクチャー」を想像し、自分自身の個人戦略と経営戦略を適合させて対応することが必要である。そのためには、われわれは時代の変化をすばやく予測しそれに対応し、異なるインフォメーション・ソースに目を配りながら根底をなすパターンを探しだし、孤立した現象よりも相互関係（インターアクション）を生み出すような枠組み（フレーム）を築き上げる思考システムを開発することが必要である。

第二に、文化の異なる人々とより効果的な対人コミュニケーションを推進するために、文化的なギャップを埋めることである。これには、多様性がキー・コンセプトとなる。なぜならば、多様性はすべての人々に等しく発展と進歩のエネルギーを与えるものであるから、例えば組織（企業文化）にとっても強力な資源として認められる。

第三に、グローバルなスピリットやパーセプション（物の見方、捉えかた）に適合すること。そうすることによって、新しいグローバル経済の構図の中で、効果的に活動するための意識、すなわちマインド・セットを培うことができる。従来の旧式のルールは通用せず「相互依存的」な互恵主義が世界経済の統合の原則となりつつあることを忘れてはならない。例えば、超国籍とよばれるトランスナショナル企業は、国民経済を縦横に結び、文化的ニッチに基づく、マーケットの細分化が増大し、トランスナショナルな、またトランスカルチュラルな消費者がスタンダードとなる。すなわち、現在の国際貿易関係は国内の政治的な力よりも大きな影響力を与えるようになってきている。言い換えれば、一文化の組織は国の特徴によっては、区別がつかなくなる。つまり、組織は世界中の人々が働き、彼らによって所有されているからである。また、合弁企業などに見られる戦略的提携、グローバルな立地選択、マーケティング、流通システムは複雑に統合し、さまざまな経済の間にシナジー（相乗）効果をもたらすのである。（Developing the Global Organization by R. T. Harris & Stripp, Gulf Pub. '93）

異才・異端から世界のグローバル企業になった例

日本から世界の企業になったソニーとホンダは、今でも独自の分野で世界の先端を走っている企業である。と同時に異文化との付き合い方も上手である。ただし、二つの企業の共通点は二社とも戦後生まれの異端企業であるということである。ソニーがトランジスターからテレビ、ＶＴＲ、ウォークマン、ゲーム機へと次から次へと新市場を切り開けば、一方のホンダはオートバイの「リットル・ホンダ」から小型乗用車、それに世界初のクリーン・エンジン・カーと呼ばれたＣＶＣＣエンジン車の開発へと分野を広げ上げた。

異端、異才といわれる個性の強いエンジニアや開発関係者が中心となり、七転び八起きで浮き沈みを繰り返しながら世界のソニーとホンダを育てた。両社に共通するものは何か。答えは「もの造り」への執着心である。「もの造り」は、元来日本のお家芸であった。両社は、欧米の基礎技術を基にしたものがある中で、日本から世界へ発信した製品を造り出したのである。日本のもの造りのキーワードは「遊び心」や消費者の本音に迫る「きめ細かさ」であり、それらが国内のみならず世界の消費者の心を摑んだのである。それは、江戸期の織物、陶磁器、それに「からくり人形」につながる職人芸（プロフェッショナル）と現代のアニメに通ずる戯作の伝統に裏打ちされた商品作りだといわれている。

今後はロボットなどが、子供のみならず老人夫婦や一人暮らしの高齢者に人気を呼ぶことは間違いないといわれている。二一世紀の日本の企業が追求すべきことも、この伝統の商品作りに磨きをかけることにほかならない。世界に瞬時に情報を送るＩＴ革命は企業の商品開発力や組織の強弱を浮き彫りにし、業界や国境の垣根を急速に低くする。

異文化で狙われやすいタイプの人

異文化に対する危機管理について関連するが、異文化で狙われやすい人物には次のようなタイプがあるので少し触れることとする。異文化において、また国内においても以下のことについては十分注意することである。

（1）おかれた環境、状況、雰囲気に鈍感な人
（2）傍若無人な振る舞いをする人
（3）あたりかまわず大声でしゃべり、高笑いする人
（4）ウロウロ、キョロキョロする人
（5）酔いざましに一人歩きしたがる人
（6）めだつブランド商品を持って歩きたがる人
（7）ハッキリしない人（会話や態度それに行動）
（8）誰とでもすぐに馴《な》れ馴れしくする人
（9）似合わないジーパン、Tシャーツ・スタイルの人
（10）連れの子供の躾が悪い人
（以上に当てはまる習慣やコミュニケーション・スタイルを身につけている人は、細心の注意が必要である。）

グローバル時代の異文化紛争予防策の例

デービッド・A・ハンバーグとジェイン・E・ホールは『地球公共財』という著書の中で「多くの人は紛争予防を集団的財貨、または公共財であるとは考えていない。しかし、紛争を予防し阻止し、

終結させるための努力は、成功すれば必ず紛争当事者だけでなく、それ以外の人々や国家にも広範囲な利益をもたらす。」と述べている。重要なことは、紛争の勃発を防ぐための状況や環境をつくることのほうが、起きてしまった摩擦、軋轢、それに武力闘争や戦争を阻止することよりも、はるかに大きな利益を得られるというのが彼らの論点でもある。

また、次の二つの点を忘れてはならない。

まず、現在の国際システムには、単なる不満が全面的な戦争に発展しうると思われる争いを防ぐための体系的な抑止手段が、ほとんど存在していないことである。次に、紛争の予防を公共財としてとらえることで大切なことは、「予防の文化」を確立するということにほかならない。それは公衆衛生のルールと同様であり、各分野のリーダー達を含む人々が広範囲にわたって予防活動の可能性やそのような責任を志向していくことで、深刻な対立にあっても大規模な暴力が発生しにくい環境が造り出されるという。

われわれとしては、すでに存在しているNGOやNPO、それに国連、教育を通しての予防活動の基礎からさらに進展していくために、自らの政府、リーダー、国際制度、市民組織に目を向けて働きかけていく必要があるようである。これらのことも異文化に精通するマルチ・カルチュラル型コミュニケーターがいてこそ、はじめて可能になる。

「味の素」と異文化危機管理の失敗例

二〇〇一年の一月八日、インドネシアの国家警察に日本の大手食品「味の素」の「インドネシア味の素」社長と副社長の二人が、消費者保護法違反の疑いで逮捕されるという事件が起った。しかもこのニュースは、「味の素」側の異文化に対する危機管理のなさと「異文化理解不足」が巻き起こした事件として、世界中の話題となった。

二人の逮捕の理由は、インドネシア味の素がイスラム教徒が口にできない「豚」の成分を基にした添加物である酵素を使用して、「味の素」を製造したことによる。

例えば、イスラムの教典である「コーラン」によれば、食事の際にはアルコールも豚肉と同様、御法度である。「汝らが食べてはならぬものは、死獣の肉、血、豚肉」となっており、豚には気の毒であるが不潔な動物と見なされており、豚に触ることさえ嫌がるのがイスラム教徒である。なお、豚肉を口にすることは、ユダヤ教のカシュート（食物規定）でも禁止されている。

インドネシアは人口二億の内、九割がイスラム教徒である。また、同国では他のイスラム圏と同様に「豚」を食用にすることを禁じる禁忌を「ハラム」と呼ぶ。また、この「ハラム」に違反していないことを「ハラル」という。問題の発端は、味の素が調味料製造過程で豚の成分を使用しながら、「ハラル」のラベルを表示していたため、虚偽表示にあたるというのが容疑内容であった。しかもインドネシアの消費者保護法は、味の素側の「ハラル」虚偽表示に対する処罰を五年間の禁固、もしくは日本円で二四〇〇万円の罰金と定めたのである。日本の高村外務大臣が正月初めに急遽、インドネシア入りしワヒド大統領と会見し、同大統領が「味の素製品はハラルで問題なし」と表明した。同国の科学技術応用庁も「豚の酵素は添加物を促進するために使用されているが、添加物にも最終製品にも豚の成分は含まれていない。」と発表したため、事件は一見落着したかのようにみえた。しかし、その事件の背景には複雑な政情もあった。

この事件は、異文化とのコミュニケーションの危機管理のむずかしさを知る上で、苦い教訓となった例であるが、味の素のような大手会社で、しかも、異文化のインドネシアの文化や風習などに精通した人材が多くいたのにもかかわらず起こした事件であった。また、両文化にとっても不幸な出来事であったといえる。しかし、両国の関係者の迅速な対応で危機は乗り越えることができたのである。

CHAPTER 5

The Age of Multicultural Communication Power

第五章 異文化にみる非言語コミュニケーション

国際感覚を磨くためのコミュニケーションの方法

異文化間の非言語コミュニケーションの事例と機能

この章は、以前「ゆまに書房」から出版された拙著『異文化にみる非言語コミュニケーション――Vサインは屈辱のサイン?』の中から、筆者が「非言語コミュニケーション」について重要と思われるものを抜粋したものである。テキストとして使用したいという読者からの要望もあり、第五章として掲載した。現代のように文化間の紛争や摩擦が多い時代だからこそ、非言語コミュニケーションを学ぶ必要があるといえるだろう。

ノンバーバル・コミュニケーションの大切さ

「座り方」、「目線」、「相手との距離の取り方」。それに普段、私たちが意識しない、言葉には出さないメッセージを通して、相手と意思を疎通し合うことを「非言語コミュニケーション」(Non-verbal Communication)という。こういった「身振り」や「しぐさ」の中には、文化間の格差が著しいものがある。勝利のVサインが、屈辱のサインとして通用する国もあれば、首をたてに振ることで、「ノー!」を表す国もある。言葉だけでないサインを誤解なく受け取り、また、正しく発信し、国際センスを身につけるための知的コミュニケーション法を学んで頂きたい。

チャールズ・ギャラウェーは、言葉による対面コミュニケーションでは、「話し言葉」が伝達するメッセージの量は、全体のわずか七%で、あとの五五%が「顔の表情」や「ジェスチャー」も含む「身振り」で、後の三八%が音調によって伝達されるノン・バーバルなメッセージであると述べている。

また、A・メラビアンのように、会話でコミュニケートされるものの多くの中で、一〇%が「話し言葉」で、残りの九三%が「話し言葉」以外のメッセージ（声の調子が三八%、顔の表情が五五%）と述べる学者もいる。

欧米の研究者の多くは、非言語コミュニケーションの領域を七〜八項目に分類しているが、筆者はそれらをさらに発展させ一二の領域として取り上げてみる。

以下では、非言語コミュニケーションの領域、特徴、重要性が分かったところで、異文化に見られる非言語コミュニケーションの事例や機能などを比較し、セクション別に取り扱ってみたいと思う。

まず最初に、対人間のテリトリー（縄張り）意識に関係し、多文化間の摩擦にも発展するとされる「対人縄張り空間・距離」、すなわち「プロクシミックス」から述べてみたい。

1、プロクシミックス――対人縄張り空間・距離――（Proxemics）

異文化間のビジネスや社交の場面でも、人間関係においては、距離である「プロクシミックス」が大きな問題となる。人間の行動パターンは「隠れた次元」のコミュニケーションの縄張りのコンセプトの一部であり、それは文化によって異なる。プロクシミックスは、次の五つに区分することができる。まず、それぞれについて説明を加えたい。

（1）　初対面の人との対応と縄張り意識

社会学者によれば、人は（国家も同様）それぞれ手を水平に伸ばして右と左に回したスペース（空間）の不可侵領域（国境や領土も同じ）を持っている。これは、呼吸の届く範囲ともいわれている。

例えば、他人（strangers）がこの空間（領土も同じ）に侵入すると不快感、不安感、それに脅威を感じる。つまり、自分の「縄張り」「プライバシー」をおかされたと感じ取るものである。人々がせいぜい我慢できるのは、短時間の混み合ったエレベーターの中やラッシュ・アワー時の電車やバスなどに限られるようである。

国家間で国境をめぐっての領土紛争が起こるのは、このためである。「国境とは、かみそりの刃であり、その上に戦争と平和、諸国家の生死に関する現代天下の重大問題が乗っている」と英国のジョージ・カーゾン卿も述べている。この「縄張り」と「プライバシーの対人空間」の心理は文化差が影響すると述べたのが、エドワード・T・ホールである。ホールはこれを「近接学」（proxemics）という言葉を使用し、説明した人類学者である。

ホールは、四種類の個人のプライバシー空間である「対人距離」を見い出した。つまり、「親密（密接）距離」、「個人（体）距離」「社会距離」それに「公的距離」である。これに関しては、『絶対の英語勉強法』（中経出版）でも扱ったが、ここではもう少し説明を加えてみたい。

（2）親密距離

最初の親密距離の近接相スペースであるが、これは〇～一〇センチ足らずで、親密な人との間で保たれる対人距離のことである。相手をなぐさめたり、抱擁したり、母親が子供を抱きしめて保護したり、お互いに体温を感じることができる対人スペースである。言い換えれば、「タクタイル（触覚）コミュニケーション」の一部といえる。

遠方相スペース（一五～四五センチ）は、親しい人との耳元での会話、社交ダンスのパートナーに対してとる対人スペースである。一方、満員電車などで見知らぬ人とこのスペースになるとストレスを感じ、不快感が強まる。

(3) 個体(私的)距離

二つ目の「個体(私的)スペース」の近接相スペース(四五~七五センチ)は、自分の手や足などを使って相手の体に触れたりできる距離のことである。夫婦、恋人、親友などの間の立ち話の場合がこれに該当する。

遠方相スペース(七五~一二〇センチ)は、「アームズ・レングス」(Arm's length)、つまり双方が手を伸ばせば、指先を触れ合うことができるスペースのことで、この距離では表情を通して、相手の心理や非言語メッセージを読み取ることができる。

ちなみに、平均的な対面コミュニケーションの場合は、二~四フィート、つまり六〇~一二〇センチである。

(4) 社会距離

三番目の「社会距離」の近接相スペースは、一二〇~二四〇センチの間と考えられている。社会的地位の違う人や部外者とのフォーマルなビジネス上の対面コミュニケーションの場合が、この社会距離に当てはまる。

遠方相(二・一~三・六メートル)は、相手の顔の細部は見えないが、容姿の全体は観察できる範囲の対人スペースで、距離に比例し声も大きくなる。

地位の高い人ほど、この社会距離に敏感である。例えば、社長の中には社長室に大きな机を確保し、訪問者を遠方に立たせたまま、自分の仕事をこなすタイプが多いようである。

(5) 公的距離(ケネディ・スペース)

四番目は「公的距離」であるが、これは公的な集まりや講演会、講義などの時に二人以上の人が保つ距離で、近接相スペースでは三・七~七・五メートルである。公的距離では、相手の様子などがわかりにくくなり、パーソナルな親しい関係が成立しにくくなる。

この「公的距離」は通称「ケネディ・スペース」ともいわれている。アメリカの文化では、ご承知のように、地位が高くなればなるほど個人スペースや対人距離も、それに比例して大きくなるという暗黙の了解が存在する。ジョン・F・ケネディが大統領候補に指名された時に、彼の権威を強調するために民主党の選挙関係者は、ケネディと有権者との間に「九メートル」の対人距離を置き、近づかせないように努めた。

遠方相スペース(七・五メートル以上)はケネディ・スペースの例のように、政治家や著名人などのVIP(重要人物)の周りは、一〇メートル以上に保たれているのが普通である。

ケネディ・スペースに関しては、セオドー・ホワイトが著書『一九六〇年大統領の成立』で、ジョン・F・ケネディの大統領指名が確実になった時の様子を「隠れ家」にいた人々に関連させ、次のように述べている。

ケネディは、春のように若々しくしなやかな、軽く踊るような足取りで別荘に駆けこんだ。そして自分がぶつかった人々に挨拶をした。それからケネディは、滑るように人から離れると、中二階造りの別荘の階段を降りて、弟のボブと義弟のサージェント・シュライバーが雑談している片隅へ行った。その部屋にいた人々は、ケネディと一緒になろうと詰め寄って来た。しかし、ケネディは立ち止まったのである。ケネディと彼らとの隔たりは九メートルばかりあったが、これは越えることのできないもの（対人距離）であった。彼らは、離れた場所に立ってケネディを見つめているのであった。長い間、権力の座にあったそれらの老人達がである。ケネディは二、三分して振りかえり、彼らに見つめられているのを知って、義弟のシュライバーにささやいた。そして、シュライバーは、老人達にその隔てられた（九メートルの）空間を横切ってケネディのいるほうへ来るように言ったのである。

その後、エイブリル・ハリマン、デイック・デイリー、つづいてマイク・ディザール等が、一人ひとりケネディに対してお祝いを述べたのである。そうするような気づかいがなければ、彼らの誰一人としてケネディと自分達との間のわずかな対人空間を越えられなかったのである。ケネディの周りには、この薄い隔たりがあり、彼らはケネディのパトロン（庇護者）としてではなく、被保護者であることを十二分に理解していたからである。彼らは、ケネディのほうから招かれなければ来ることができないのである。なぜならば、この人物は、アメリカ合衆国の大統領になるからである。

一般の公的距離は、公的人物に誰もが公的な機会に利用するわけであるが、ある調整や演技法が必要な場合があることを、ホワイトは指摘しているのである。

さて、「対人空間スペース」のあり方は文化に応じて異なっている。例えば、タイの国では、王はすべての場面で最高の地位を保持している。王が一般市民の前を歩く時には、昔の日本の将軍のように、国民はある距離をおいて立つことが暗黙の了解となっている。また王が国民に対して話す時にも、かなりの社会距離をおいて立つのが習わしである。また、英国の王と女王もこれと同様な距離を保つ。日本の将軍と一般人の場合であると、「苦しゅうない。近こう寄れ」と言われた場合にのみ、「社会距離」が「個人（体）距離」に変わることはある。

ゲオルク・ジンメルは、人はたいていの場合「要人」に対しては二〇フィートか、それ以上の対人空間の距離を置くと述べている。

ラテン系や中近東のアラブ文化圏の人は、対面コミュニケーションの際に、こちらの息が相手の顔にかかるくらいの個人距離でないと親近感をもたないようであるが、それとは反対にアングロサクソン系の人は、できるだけ距離を置いて対面コミュニケーションをしたがる傾向が強い。日本人はと言えばアングロサクソン系の人と対話をする際に、それよりも離れてコミュニケーションを行うので、アングロサクソン系の人は日本人には親近感を抱かないと報告されている。

ただし、対面コミュニケーション以外の空間スペースでは、日本人はアメリカ人に比べて対人距離が狭まる。例えば、日本人は公的・私的な場所ともにアメリカ人なら耐えられない密度の高さや混雑を許容している。家屋やアパート、職場のオフィスにしても、スペース的にはアメリカより小さく混み合っている。電車のラッシュアワーでは、「すし詰め」であることのほうが多い。文化による空間に対しての侵入許容度の差を事前に知っておくことは、異文化コミュニケーターにとって不可欠なことである。

2、時間のコンセプト（Chronemics）

文化人類学者達は、アメリカ東部の沿岸地方に住む中流のアメリカ人が、それほど親しくない同士で正式のビジネスをする場合の「時間」について、次のような調査結果を報告している。

相手との予定時間に五分遅れるぐらいならば、「軽い謝罪」でよいが、一〇分以上の遅刻の場合には、相手を侮辱したことになりかねないので、謝りではなく「ことばを尽くした謝罪」が必要なこと。また一五分以上も遅れた場合には、謝罪ではなく遅刻の理由が必要であること。そして、三〇分以上の遅刻は相手を完全に侮辱したことになると報告している。しかし、同じアメリカでもラテン・アメリカン・タイムの文化に影響されたメキシコ系の人々は、自分達の時間を「オーラ・メヒカーナ」（メキシコ時間）、アメリカ式の時間を「オーラ・アメリカーナ」と呼ぶ習慣を持っている。ラテン・アメリカでは、たいていの人は時間に対し「おおらか」に生きているので、予定の時間に遅れても理由を説明して謝ったりはしないようである。このことについて、アメリカの中西部の北部、西海岸の北西部、それに東部の北西部の感覚では、ラテン系アメリカ人の時間の軽視ぶりは、ほとんど信じられないほどだ、と報告されている。

例えば、南アメリカでラテン系の人を夕食にゲストとして自宅に招待しても、招待状に書いてある時間よりもかなり遅くなりがちなので、そういう国で本当の時間どおりに来てもらいたい場合には「イングリッシュ・タイム」と記述することが必要である。

ちなみに、中東のヨルダンの食事の時間に関してであるが、朝食は一〇時、昼食は二時、夕食は夜の九時、もしくは一〇時である。ヨルダンはお酒を飲むことが宗教上禁止されているイスラム教徒が多いため、あるいは、暑い午後の日差しに備え体力をつけるためか、一日の食事の中では昼食に一番力点がおかれる。近年ではヨーロッパ並の時間帯で働くようになっているヨルダンであるが、官公庁や公共施設は未だに昼の二時でドアが閉められてしまう。したがって、昼食は家に帰ってゆっくりするが、朝食は仕事場で手を休め、もしくは仕事をしながら食べたりする。特に朝食タイムというものは存在しない。

また、ケニアをはじめタンザニアやエチオピアなど一部のアフリカ諸国では、「スワヒリ・タイム」という特有な時間帯が存在し、一日がスタートする朝の七時から午後の一時、二時と数えていく。われわれが一般に使用している時間帯に六を足したり引いたりしたものが、スワヒリ・タイムの特徴といえる。

スワヒリ・タイムには二四時間表現が存在しない。このため、例えば一八時は真夜中の一二時となるため、アポイントメントなどには時間の再確認が必要となる。

インドネシアには、「ジャム・カレット」と呼ばれる「ラバー・タイム」（ゴム時間）が存在する。インドネシアでは（フィリピンなど他の東南アジアの一部の国も同様であるが）、時間はゴムのように伸びたり縮んだりするものとして見なされているため、遅刻は悪いものではないという文化価値が共有されている。この文化価値は、「時は金なり」という時間のコンセプトを持つ欧米人とインドネシア人とが異文化コミュニケーションを行う際、よく異文化間の紛争原因になったり、摩擦にも発展したりする。例えば、インドネシアの人と「明日もお会いましょう」と約束した際、相手は翌日になってもいっこうに現れないことがある。インドネシアでは「明日」とは「翌日から死ぬまでの時間を表現する」という解釈が一般的なので、その場合には相手に対して決して怒ったりしないほうが良策のようである。なぜならば、相手は約束を無視しているわけではないからである。むしろ、一体「いつの明日」なのかを確かめなかった自分のほうに落ち度があるのである。

話を再び「イングリッシュ・タイム」に戻したい。一般に東西を問わず、アポイントメントに遅れることの怖さや恥ずかしさを知らない人がいるが、国際ビジネスの世界では一般にこういうタイプの人は、芽が出ないまま埋もれがちのようである。カンボジアの独裁政権として知られているポルポト派では、二回遅刻すると射殺されたという。ビジネスの世界では下位者が遅刻するのは絶対に許されない暗黙の掟、または仁義といえる。この領域は、以下の六つに区分してみたい。

(1) モノクロニック・タイム とポリクロニック・タイム

この世の中には、何種類もの「時」のシステムがある。異文化間のビジネスで最も重要なのは、モノクロニックな時間(Mタイム)とポリクロニックな時間(Pタイム)の二つといわれている。「Mタイム」とは、一時(とき)に一つのことだけに注意を集中し、それのみを行うことを指す。一方「Pタイム」は、一時に多くの事柄やビジネスに関与することを意味する。

「Mタイム」の文化圏で育った人は、一時に一つのことに集中するため、結果として一部の人間関係を密度の濃いものにする反面、他の人をおろそかにする傾向がある。例えば商談の際に、部屋に入室できる人とできない人がいるのと同じである。個人のプライバシーにも重点を置く「Mタイム」の人は邪魔が入るのを嫌う。そのため人と会う際には事前の「アポイントメント」が必要である。ドイツやスイス文化、北欧のスカンジナビア文化、それに北米文化は「Mタイム」の典型的な例である。その考え方は、ビジネスや社会生活のすみずみまでゆきわたっている。言い換えれば「Mタイム」の文化圏では、機能ならびに人の分割が重視される。そのため、個人のオフィスはできることなら防音設備が設置されているほうが望ましいとされている。

一方フランス、メキシコ、それに中近東などの「Pタイム」の文化で育った人は、何よりも人や人間関係を重視する。個人のプライバシーよりも親しい関係の人（家族、友、親しい同僚）を大切にする。「Pタイム」の文化では、オフィスには普通大きな「待合室」があり、組織の社員や政府の役人が待合室の中を往復しながら、業務を処理するのが特徴である。こちらのグループと話しをしながら、あちらのグループにも対応、用事がすむまで歩きまわる傾向がある。

このため、「Mタイム」の文化の人が「Pタイム」の人とビジネスの商談の約束をしていても、時として「アポイントメント」は忘れられたり、一人で数人も掛け持ちでこなされたりする場合もあるので違和感を持つことがある。例えば、日商岩井のテルアビブ事務局長の内藤浩一氏は、中東のテルアビブのユダヤ系ビジネスマンの中には「あなただけと交渉していますよ」という顔をしながら、実は他の国や日本の同業者と同時進行で商談を進めていたという話はざらにあり、気が抜けないと述べている。

日本は「Pタイム」文化といわれているが、電車はほとんど遅れないで定刻どおりに発車するし、ビジネスのアポイントメントは守られている。ホールは「日本の時のシステムを理解しようと思えば、日本人は二つの形態を兼ね備えていることを知っておかねばならない。日本人は、ウチの者に対してはオープンシステム（ポリクロニック）をとるのに対して、ソトの者に対しては、どちらかというと融通のあまりきかないスケジュールのシステム（モノクロニック）をとる」と観察している。

（2）沈黙と間《ま》

「私には沈黙に耐えることが、いかに大切かは十分わかっている。それについてなら、何時間でも語り合える」（I believe in the discipline of silence, and could talk for hours about it.）英国が生んだ二〇世紀の代表的な劇作家であるジョージ・バーナード・ショウの名句である。

久米昭元氏の研究では、「沈黙」に関する言葉には、「沈想」「沈読」「沈礼」「沈密」などがあり、これらの言葉はやや重々しい感じがするという。また、その他日本には口数が多かったり、しゃべりすぎたりすることに対する警句「口はわざわいの元」「口と財布は閉めるが得」「舌さき三寸」といったものがふんだんにある。

「沈黙」は文化に深く密着したさまざまな意味があり、コミュニケーションの方法としては誤解も受けがちである。

ところで、「沈黙」は二つのタイプに分類できる。一つは「話し言葉」での対面コミュニケーションに付随するもの、他の一つは、言葉による相互作用とは無関係な沈黙である。人間が言葉を使用する際に、語、句、センテンスの間に必ず千分の一から数秒にいたるまでインターバルを置く。M・ヴォーカスは、このような沈黙は「パラ（周辺）言語」の延長と見なしている。もう一つのパラ言語的な沈黙は、「間《ま》」のポーズである。コメディアンや漫才師などは、「間」の取り方の名人といわれている。彼らは、この「無口」の時間を駆使して最大の効果を上げているのである。

一九七〇年代にアメリカの教育テレビで、元駐日大使でハーバード大学教授であったエドウィン・O・ライシャワー氏の解説つきの「ザ・ジャパニーズ・ムービーズ」がお茶の間の人気を博した。その中で特に、名俳優であった三船敏郎さん主演の「椿三十郎」や「七人の侍」は、視聴者の人気を最もさらった番組であった。これら二つの作品は、スピルバーグ監督が「映像のシェイクスピア」と絶賛した故黒澤明監督の作品であった。そして、その三船敏郎さんがテレビのコマーシャルで「男は黙ってサッポロ・ビール」という台詞を流行らせ、日本の文化では黙っていることが美徳であるという印象を外国の視聴者にも植えつけたのである。

もっとも、日本人の「だんまり」は何を考えているのかわからないという不安を相手にもたらす原因になるので、注意する必要がある。

また、フランスでも「沈黙は金」という映画がかつて上映された。これは、うまく話せるのは有効であるが、時に応じて「沈黙」できるのは、もっと価値があるという意味で使われており、日本人のいだく「沈黙は金」の意味内容とは微妙に違うかもしれない。

(3) 沈黙と間合い

「間合いを見切る」という言葉がある。これは人と人、または人と事物の空間的、時間的な距離を計り、その間の関係を直接的に把握するという意味である。この「間合い」や「間」という表現が使われるのは、遠近関係、前後関係が物事を理解する上で重要な要素であり、私たちの日常の社会生活に大いに関係があるからである。例えば、遠近法とは、絵の中で遠近を表現するために西洋で考えられた技法のことで、透視図法、空気遠近法などを含んでいる。しかし、日本の絵画では、どういうわけかこの技法が発達せず、「浮世絵」などの遠近法も西洋のそれを模倣したものであった。

一つの視点から空間をとらえる西洋の遠近法に対して、日本の画家は描く対象に合わせて「視点」を移動させていくようである。木や石にも神々が宿るアニミズムの伝統に影響された日本文化では、細部へのこだわりが強く、画家も部分の描写に関心を寄せてきた。古来の日本人が個別的な関係を重んじ、全体を見通す視点を持たなかったために、西洋のような遠近法が生まれなかったのである。「間」の取り方も、一種の日本的な遠近法かもしれない。

(4) 音楽のリズムと間《ま》

次に音楽と時間の関係についてであるが、近年ドラマの台詞などに「間」の技法を随所に見ることができる。また、音楽の休止符、「能」の音楽でも演奏の中心は「休拍の置き方」にあるし、近世の舞踊の場合でもいかに「間を抜くか」が芸の眼目になっている。

したがって、「間」はあらゆるビート、ストローク、リズミカルな表現、音楽や演劇にとって大変重要な要素である。ジャズのスタンダード・ナンバーに「テーク・ファイブ」(Take Five) という名曲がある。この曲は、軽快なリズムの五分の四拍子で成り立っており、従来のジャズにおける「間」の取り方の常識をくつがえしたのである。ジャズに興味のない人でも、この曲を一度は耳にしたことがあると思う。「テーク・ファイブ」は、ジャズのレコードで世界中で一番売れた曲である。

(5) 間《ま》のない現代日本

現代は、日常生活から間がなくなっているといわれている。すでに述べたように、日本の伝統芸能の歌舞伎、浄瑠璃《じょうるり》、能などは「一瞬の静寂」を大切にし、それをしみじみ味わうことを美徳としてきた。しかし、近年はこの「間」に不安を感じている若者が増加している。なぜ「間」に不安を感じるのかに関して社会学的に分析した結果、それは、日本人の生活のリズムが早くなったことが原因であるといわれている。それに最も影響を与えているのがテレビである。

例えば、NHKのアナウンス室の調査によれば、テレビのニュース・キャスターが一音を一拍として一分間に話す音の数は、ベテランのニュース・キャスターの場合が五三八拍、一九六四年当時の男性アナウンサーは四一六拍である。ところが、久米宏さんの場合は何と、一・八倍の七六七拍にもなる。落語の世界でもテレビの場合、限られた放送時間に収録することを求められるので、かつての古今亭志ん生や三遊亭円生のように、間を上手に使える落語家が少なくなったようである。

本来、日本の文化における「間」とは、演者が自分なりのリズムを作り出し、お客さんに訴える「情緒的時間」であった。しかし、近年「早口社会」に慣れてしまった現代人は、「間」に不安を感じることが多くなっている。気心の知れた友人と「沈黙」を共有できることは「あ・うん」の呼吸が伝わるほどフレンドリーの証である。しかし、他人とある程度の距離を置きたいと考えている現代の若者には、そのような関係は息苦しいようである。しかし、間を恐れる若者達の心の底は、本当は「間」を求めているのだともいわれている。

(6)　沈黙とコンテクスト

テーマは再び沈黙に戻るが、「沈黙」はコンテクスト（状況）によってさまざまに解釈されるし、それは次のように分類されている。（1）単なる静寂、空白、空虚、（2）対立、緊張、（3）優越感、権力の保持、余裕、（4）祈り、哀悼、感謝、（5）ショック、（6）公共の場での静寂の保持、（7）沈思黙考の七項目である。

沈黙はその意味が話し言葉によって表現されないため、異文化でそれを的確に判断するのはむずかしい。日本人は、特に対面コミュニケーションの際には、相手に自分の考えをストレートに表現しない。このため「間接表現」が多くなり、なかなか言挙《ことあ》げしない日本人を、外国人が理解することは並大抵のことではない。社会学者の加藤秀俊氏は、日本人の「沈黙」と「腹芸」に関して次のようなコメントをしている。欧米人は「話せばわかる」が対面コミュニケーションのモットーであるのに対し、日本人は「腹芸コミュニケーション」つまり「話さなくてもわかる」、または「話してもわからない」と考えると指摘している。問題は、異文化間の外交交渉やビジネスでの商談などの場では、このような日本式の「腹芸コミュニケーション」は機能しない場合が多い。

これからのグローバル社会では、雄弁は不可欠である。しかしながら、時に沈黙しうる雄弁こそ、多様性の中での共存がはかれ、最高の徳であり知恵であるという意見も存在する。

3、物体表現（Objectics）

「物体」の中でもまず、服装と性別に関連した非言語表現から語ってみたい。

ジェームス・レイバーという人が『モーダニティ・イン・ドレス』という著書の中でネクタイと非言語メッセージについて次のことを論じたことがある。

レイバーは、「ネクタイ」はセクシャリティのシンボルであると述べている。例えば、カトリックの神父の僧服にネクタイがないのは、性的に去勢状態にあるということを非言語的に象徴しているそうである。同じく英国国教の僧侶がいつも白いネクタイをしているのは、純潔であることを意味しているそうである。

次に「帽子」であるが、男性支配の強い時代には男性の帽子が高くなるようである。アメリカがかつて植民地であった頃には、清教徒（ピューリタン）の丈《たけ》の高い帽子が主流であった。またビクトリア朝時代には、シルクハットが大流行した。しかしながら、一八八〇年頃の女性の選挙権拡張運動時代には、これがカンカン帽にとって代わったことが歴史書にも記述されている。男性側が自己反省して自粛したことになる。

（1）中身と外見

人体に関してであるが、日本では団塊世代以上の人は「男は中身で勝負」と言われることが多かったようだ。しかも、その世代の人には「巧言令色鮮し仁」という『論語』の文言も頭に染みついていて、外観の「服装」や「ファッション」に関心を持つこと自体にためらいをいだく人が多いようである。

ただし、『論語』には「文質彬々《ひんぴん》」という言葉もあり、文は「飾る」、質は「質素・粗野」の意味で、両者の「調和」を理想としており、決して無関心がよいというわけではない。

世の流れは、「仕事人間から個性派へ」と変化している。この流れにとまどいを感じている中高年男性が多くなってきているようである。「無難が一番」という感覚では、「横並び感覚」になりがちで自分の個性を顧みることが少ない。アメリカなどでは大統領にも専属のスタイリストがつく「見た目でも勝負する文化」もあるが、日本人ももっと「人体表現」上手になってもいいのではといわれている。何もいきなり、カラフルなシャツを着たり、ブランド品で身を固める必要はないようである。江戸時代には町人は、羽織りの裏地に凝ったそうである。日本文化にも、みせびらかしではない「素朴なおしゃれ」という伝統があり、今でもそれは変わらない。企業や自治体の中にも「カジュアル・デイ」を採用するところも増えているようである。

(2) 人体に関するウィットに富むユーモア

外国の人とコミュニケーションする際に大切なことは、無理をして「ジョーク」(冗談)を言うことではなく、その人の「ウィット」(機知)を非言語コミュニケーションで示すことである。通訳者である村松増美氏も『貿易と関税』という専門季刊紙の中で、受けを狙って下手なジョークを飛ばしたりすると舌打ちや、時にはセクシャル・ハラスメントと批判さえ受ける時があると語っている。次に世界的に有名な米国の経済学者のウィットに富んだ発言の実例を「人体」に関連させ、取り上げてみたい。

ハーバード大学名誉教授で、ノーベル経済学賞を受賞したジョン・ケネス・ガルブレイスは長身で知られている。またガルブレイスはケネディ政権時代にはインド大使を歴任した。その彼がシカゴ大学名誉教授で同じくノーベル経済学賞を受賞し、小柄で有名なミルトン・フリードマンを意識してか「経済学者は背が高いほど、地平線を遠くまで見ることができる」と語った。それを聞いた小柄なフリードマンは、すかさず「私のほうが地球の現実に近い」と「意識ありの」発言をした。両氏の発言とも、経済学者として紳士的で、かつ哲学をにじませた人を引きつける一言であるといわれた。しかもその中では、言語による雄弁、能弁以上に「ウィット」そのものが重要な要素であり、日本では政治家のみならず企業人、教育関係者にこういったウィットが欠けているのである。金融や行政改革の議論に、地平をはるかに見渡すことのできる壮大な構想やビジョンを持ち、現実の問題を厳しく追求し解決していく気迫があるであろうか。多言ばかり聞こえるが、哲学のない多言は不毛といわれている。

4、キネシクス（Kinesics）

人体動作で相手にメッセージを伝達する方法の知識は、その利用方法を学んだ者にとっては大変便利なツールであるといわれている。異文化コミュニケーションの研究者の間では、人体の「動作」についての研究はギリシャ語の kinesis（身振りと思想伝達の関連）に由来する。

「キネシクス」もしくは「カイネシックス」（身体運動学／動作学）と呼ばれているが、この領域を学ぶ際のキー・ワードは「コンテクスト」（意味の形成場）である。いかなる動作でも、状況、言葉によるコミュニケーションとの関連状況、つまりＴＰＯ（時・場所・状況）、それに文化形態などのコンテクストとの関わり方を考慮する必要がある。

キネシクスの分野には、表情、身振りや頭、足、脚、手、腕の動作、人が立ったり、座ったり、静止したりしている時の姿勢、目に関しての諸行動の研究が含まれている。

ちなみに、日常の対人コミュニケーションにおいての身振りの役割を認識し、私たちが普段使っている話し言葉と同様に「科学的」に分析を試み、「キネシクス」（カイネシックス）という分野を開拓したのは、バードウィステルである。

この領域をさらに細分化したのが、ポール・エックスとウォレス・フリーマンである。彼らは、（a）「表象動作」（野球のキャッチャーが投手に与える手のサインなど）、（b）「イラスト動作」（うなずきや「No」という時の首の振り方に関しての文化比較など）、（c）「感情表出動作」（ジェスチャーなどで示す喜怒哀楽の感情メッセージ）（d）「言語調整動作」（対話をスムーズに進行させる時に使用する「フンフン」などの小さな音）、（e）「適応動作」（脚の組み方によるメッセージ伝達）に分けて研究を行った。

（1）〝一本足打法〟文化の対面コミュニケーション

ここではまず、異文化動作学の視点から「足」とコミュニケーションの関係について述べてみたい。オーストラリアの先住民であるアボリジニの伝統文化には、片方の足をもう一方の足のふくらはぎにあてながら、まるでカカシのように一本足で立って休む姿勢がある。また彼らは人と出会って話を始める時には、おもむろに片足をもう一方の足のふくらはぎにあてて対人コミュニケーションを行う。日本では、元巨人軍のホームラン・キングでダイエー監督の王貞治氏が「片足打法」で有名になったが、それは野球のバッターボックスに入った際に行う動作のことであり、彼が片足で話している姿を見たことはない。

南アメリカの先住民といわれるボロロ族やウイトト族は、決して立って話はしないといわれている。文化人類学者の報告では、彼らが立って話す時は意見が完全に分かれたりした時に限るそうである。これとは逆にイタリアやスペインなどでは、立って話をすることも多いが、同じ南ヨーロッパの中でもギリシャの人々は、座って話をしようとする。

(2) 対面コミュニケーションを好まぬ文化

世界の文化の中には、対面の対人コミュニケーション(Face-to-face interpersonal communication)を好まぬ文化集団が存在する。「恥じらい」に文化価値を置く日本人にもこの傾向の人が多いが、インド洋のマダガスカル島に住む漁労民族のヴェズ族の場合のように、対面して会話をすることを好まず、向かい合って話さざるを得ない時は、目を伏せて手で砂地に絵を描いたりしながら言葉を交わすという文化もある。言葉は彼らの文化では聴覚的回路のようである。

(3) 姿　勢

姿勢、つまり立ったり座ったりする際の無意識に覚えた習慣も文化的なものである。南アジアのインドでは、結婚式場で新婦は、左足を地面に伸ばし、右足を折り曲げてあごにつくようにすることが礼儀とされている。インド生まれのコミュニケーション学者であるK・S・シタラムは、インドの結婚式では食事のあいだ新婦は、右足の左に手を持っていくものだとされていると述べている。そして新郎は、床の上であぐらをかくのがならわしである。また、日本では、女性は公式の席では正座をするものと考えられている。

脚の組み方は、欧米の文化においても落差があるようである。例えば、欧州の男性が腰を掛けている時の脚の組み方を、アメリカ人は女性的だと見なしている。しかし、欧州では、男性がひざの上にもう一方のひざを重ねるようにして脚を組むのは、一般的なしぐさと見なされている。他方アメリカの文化では、男性は片方の脚のひざの上に、もう一方の脚の下腿部もしくは足首を乗せて、数字の4

型の座り方をする。この4型の座り方は、スラックスやジーンズ姿の女性にも見うけられる特徴の一つである。

欧米で長年過ごし英語も堪能な人物が、日本企業の面接で落ちた例がある。不合格の原因を調べて驚いたことは、その男性は面接の際に「片足を組んで4型座りをしていた」とのことであった。面接員は、彼の素晴らしい英語での受け答えより、脚を組んでいる姿に終始不快感を抱いたそうである。日本では、公式の場で自分より年長者の前で「脚を組む」のは御法度である。

（4） 座り方

座り方には、文化によってさまざまな意味づけがされている。例えば、タイではひざを抱えるようにして座ると、悩みを抱えた姿だと疫病神のようにいわれている。タイでは日本の正座に相当する座り方がなく、その足を少しくずした横座りが礼儀にかなった座り方とされている。この座り方は、韓国の女性の正座法と似ている。韓国の女性は右ひざを立て、左足はあぐら形にして座るのが正座法と呼ばれている。日本式の正座は、韓国では囚人の姿をイメージさせる。なお、イスラム圏では「正座」の姿は神に祈禱《きとう》する時の表敬動作である。

「かかと」の上にお尻を乗せる日本の正座は中国から伝わったといわれているが、中国では宋時代以後に椅子が普及したため、その伝統はとうの昔に消えてしまったようである。日本では今でも着物の影響で、女性がひざをつき、足のかかとにお尻を乗せて和室のふすまや障子を開け閉めする風習が残っている。特にこの座り方は、割烹や料亭などの和室でお客さんに給仕をする時に見られる。

欧米などでも男女にかかわらず、「ひざまずく」姿を教会や公式で儀礼的な場面で目にすることがあるが、これは人と神とがコミュニケーションしていることを意味する。コミュニケーションとは元来、ラテン語の「コミュニカーレ（大学）」つまり「共有する」という意味に由来し、キリスト教では信者と神との霊的な交差を享受する神聖な言葉であった。これを人間に対して行うと最高の表敬動作になる。欧米の映画などで男性が女性に求婚する場合、男性が女性（または女性が女王）の前で片膝をつき、右手を胸にあてて拝跪《はいき》するのがこの動作にあたる。

今から二〇〇年前にロシア皇帝に日本人として初めて謁見したのが、二人目の渡露漂流民である伊勢の船頭、大黒屋光太夫である。その光太夫が女帝エカテリーナ二世に謁見したときに行ったのがこの表敬動作である。

（5）姿勢と感情表現の特徴

人それぞれの腕、脚、胴体の姿勢に関連した感情の特徴をM・アーガイルは『ボディリー・コミュニケーション』の中で次のように述べている。

［腕］

「抱え込んだ腕」は、自己防衛を示すメッセージ

「胴をかたく締める」は、自分の身体を損なうことに対する恐怖のメッセージ

「肩をすくめる姿勢」は、受け身で自信をなくしたメッセージ

［脚］

「（座りながら）脚と脚を交差している女性の姿勢」は、自己防衛と撤回の表現
「平行な脚」は、誘惑的な表現メッセージ
「あきらかに挑発的に脚を交差している女性」は、意図的な誘惑メッセージ
「腰の動きのない女性」は、性的抑制を伝えるメッセージ

［胴体］
「かたい振る舞いの男性」や「とりすました女性」は、制縛的な不安を示す表現
「取りつくろった身振りやしぐさ」は、誘惑をしたい反面、気恥ずかしいという心理描写
「落ち着きのない姿勢」や「不動の姿勢」は、無力感や救済を示すメッセージ
「椅子に深ぶかと座る」や「けだるい姿勢」は、性的衝動を示すメッセージ
以上を要約すれば「腕」は自己を守る姿勢なのに対し、脚は異性への関心を示し、胴体の動きは情緒や不安の度合いと深い関係があるということである。

5、アイ・コンタクト（Oculesics）

Your lips are saying "no, no," but there is "yes, yes" in your eyes.（「口」では「ノー」と言っているが、「眼」では「イエス」と言っている。）
日本語には、「目は口ほどに物を言う」「目をかける」「眼をつける」「目じりを下げる」「目を三角にする」「目がない」など、「目」に関しての表現が豊富にある。

野村雅一氏は、一般に日本人は対面対人コミュニケーションの際には、目を避けるようにして話をしているが、その実「上目づかいに」しっかり窺っていると指摘している。

「目は心の窓」というように、対人コミュニケーションの際に、自分の目をわざわざ閉じて謙遜のコード（記号）メッセージにするのが、日本人の「文化的美徳」といわれる「伏し目」である。しかし、対面対人コミュニケーションや人前でのプレゼンテーションでは、相手（聞き手）の目を見る「アイ・コンタクト」が重要な要素である。

では、なぜアイ・コンタクトが重要な要素なのであろうか。理由は次の通りでる。アイ・コンタクトは（1）親密さと相手に対しての関与（あなたの意見には耳を傾けていますよ。またあなたのことを考えていますよ）の度合いを示す（2）自信の伝達（3）自分の土俵に引き込む（4）相手の気持ちや感情の情報収集ができる、などである。ところで、ある調査では人が見知らぬ他人から見つめられると「不審に思う」が第一位であり、「恐怖感」が第二位であった。また親しい人から見つめられた場合には、男女の性別を問わず「うれしい」が第一位であった。また一対一の発表を行い、全体の内の任意の三分間を切り取って調査された結果によると、平均で一〇八秒（六〇％）以上の時間見つめていた場合に相手が「関心」や「リーダーシップ」を感じ取ったと報告がなされている。

英国のマーガレット・サッチャー元首相やヒラリー・クリントンのアイ・コンタクトを、映像で測定してみると、興味深い結果を読み取ることができる。双方とも対談時間の八割以上もの間、相手の目を見つめていることに気づく。これは、別にサッチャー元首相やヒラリー・クリントンに限ったことでなく、欧米の政治家（政治屋ではなく）や企業家には、アイ・コンタクトのメリットと重要さを対面対人コミュニケーションの際に活用している人物が多いからである。ただ、アイ・コンタクトの量に関して言えば、男女差が少しあるようである。欧米でも日本でも同性同士では、女性のほうが相手の目をよく見つめている。

アイ・コンタクトにも「ルール」が存在する。例えば、相手が話している時と、自分が相手に質問する時には、相手の目を見ることが必要である。そして、自分が話している時には、視線がぼんやりと宙に舞わないように注意しながら、時には相手から目をそらすことも必要となる。相手は話し手に見つめ続けられると、とまどいを覚え落ち着きがなくなる。

映画などを見ても、欧米の人々は一般に自分が話している時には、相手から目をそらしながら話していることがわかる。

フランスの皇帝ナポレオンの述べた「一人の人間を仲間に引き込むためには、その人の目に話しかけねばならない」は、洋の東西を問わず同じかもしれない。ところで、ナポレオンは自分の軍隊を強化するために、自分の部下の兵士の鼻の大きさ、形を見て採用したことでも有名である。ちなみに、鼻は「わし鼻」(Roman nose)以外に、「蒙古族鼻」(Mongolian nose)、上向きの「黒人鼻」(Negro nose)など七種類に分類される。

(1) アイ・ウォチャー

「アイ・ウォチャー」とは文字どおり訳すと「目を見る人」となる。サハラ砂漠の南に住むトウワレグ族は、ラクダのみならず羊、牛などを飼育する際それらの動物に対しても「目くばり」を重んじる習慣を持っているため「アイ・ウォチャー」と呼ばれている。

彼らは周辺の文化圏に住むアラブ人とは対照的に、女性ではなく男性が布で顔をおおう習慣がある。特に奥さんの親族など敬意を払わなければならない相手の前では、「目元」だけ残して顔を青い布ですっかり包む。アイ・ウォチャーといわれるゆえんであるが、彼らは目の色の変化の中に無限の意味を読み取るといわれている。

アメリカには、「キャチャ・ペア・オブ・アイズ」という言葉がある。これは「二つの目を捕まえろ」という意味で、パーティやレセプションなどの対面コミュニケーションの際には、少なくとも五秒以上目を見ながら話し続けるのがコツということである。

そして、対話のくぎりがついたところに来たら次の人を捕まえて、また五秒以上話し続けるとよい。そうすれば、その人の存在感が感じられるのである。

恐れられる目のことを俗に「邪視」「邪眼」と言う。南ヨーロッパ、中近東、それに南アジアなどの地域には、それら目についての「迷信」が広がっている。特に「見つめられる」(to gaze at)と、それらの地域の文化価値では、生き物は病気になって死に、物はこわれてしまうという俗信が存在する。

ギリシャでは、人間の目には反社会的な嫉妬心(ジェラシー)が宿り、その嫉妬心が本人の意図や意識とは無関係に目を「邪眼」に変え、その呪文力で生き物を殺したり、他人の大切なものを破壊したりするとされている。女性の目は「邪眼」にかかりやすいと一般には伝えられている。またギリシャでは、他人の子供を見て「かわいい」とほめた後で、「長生きするように」と言いながらツバを吐くまねをするが、これはツバが「邪視」を封じると信じられているからである。

「アフロ文化」では、対面対人コミュニケーションの際、双方で視線を避ける傾向が強い。日本人同士もフェース・トゥ・フェースの会話の際にはアフロ文化の人と同様に、目上の人の前では顔をうつむけ視線をはずしながら話す。なぜならば、対面コミュニケーションの場では視線を合わせるのは、無作法で挑戦的と受け取られるからである。ちなみに「アフロ文化」やカリブ海の「クレオール文化」それに「プエルトリコ文化」では、年下の学生が先生など目上の人の目を見つめないように、子供の時からしつけられている。そこで、子供達が目上の人とコミュニケーションを行う際、使用するのが、視線をそらすため目をぐるりと回す「ローリング・アイ」である。しかし、白人の中流階級出身の先生方は、黒人系文化のそんな態度を、うしろめたさの表れと受け取りがちで、これが異文化コミュニケーションの紛争の原因となる場合もある。

また、彼ら「アフロ文化」に共通する「カット・アイ」視線の表現もそれと表裏一体の関係にある。映画などのシーンでも観察できるが、横目で相手を頭から足まで値ぶみするように見つめ、最後には「つまらない」といった表情で目をそらす「眼をつける」というアイ・コンタクトは、「アフロ文化」では、日常ではよく見うけられる視線の演技だそうである。

ところで、世界的に名声を博した歌手のフランク・シナトラの名曲「夜のストレンジャー」の詞の中にもあるように、欧米の文化では見知らぬ人同士が通りですれちがう時に、相手が一定の距離である三、四メートルほどに接近してきた時お互いに「さっと相手の顔をながめて、すぐその視線をそらす」という礼儀が存在する。それ以上長く見るのは無礼になる。見続けた場合には「目礼」するのがマナーである。

ちなみに、女性は男性より相手に対して多く視線を向け、また相手からもよく見られる。また、同性の間では男性より女性の方が視線は活発に交わされる。これに関連してアーガイルは、次のような興味深い調査結果を発表している。

約一・八メートルの対人距離で、感情にあたりさわりのない話題で話している場合、話し手の一方が聞き手に向けている視線は六〇パーセントであり、聞きながら相手を見ているのは七五パーセントで、話しながらでは四〇パーセントだそうである。また、ちらっと見る「瞥見《べっけん》」では三〇パーセントで、その場合の時間は約一・五秒だそうである。

(2) 初対面の時のマナー：握手の種類と視線

初対面の人とは、一般に「はじめまして」(相手が英国人ならば"How do you do?"アメリカ人とは"I am happy to meet you.")と言いながら右手で握手をするのが一般的である。

その場合握手をしながら（1）相手と視線をしっかり合わせる。（2）手に自然な力を入れてしっかり握る。（3）頭を下げて視線をはずさない。（4）握手しながら軽い笑顔で相手の目を見ること。が重要である。握手の際、相手の目を見ないと「ずるい人物」と見られ、力のない握手は「デッド・フィッシュ」(死んだ魚)といわれ、熱意のなさを意味する。

歴史書によれば、握手は古代には男性が行うものとされていた。ヨーロッパの騎手が格闘したくない男性にばったり出会った際に、相手に対して友好的な関係を持ちたいと武器や刀などを捨てて「右手」を差し伸ばしたのが握手の始まりである。右手は武器や刀などを持つ手であるため、握手は、「それらの凶器を持っていません」というポーズと同じ意味のメッセージを示す非言語表現だったそうである。

D・モリスによれば、握手がさかんになった時期は、イギリスの産業革命以後だそうである。この時代に商いに成功した中流階級の男性たちが、商談が成立したというジェスチャーとして、お互いに手を差し出して握り合うことが日常の習慣となり、今日に至っている。

ただし握手の際、気をつけなければならないことは（5）握手は年下や地位の低い人から求めると催促することになるので礼儀に反する。ただし、対等の関係の場合には、いずれからでも良いとされている。また、（6）相手が女性の場合には、男性側からは握手を求めないのが礼儀とされており、女性から握手を求められた時には、柔らかく握手をする「宮廷型握手」が礼儀である。また自己紹介の方法は日本式でもかまわないが、中近東の国々などでは「序列」にうるさいので、紹介の順番は間違えないことが大切である。

（3）握手と地域差

次に初対面の時の握手で忘れてならないことは、同じ文化圏においても地域差があることである。例えば、アメリカ中西部のドイツ系の人たちは、手を握ってから五、六回上下させながら握手をする傾向があるのに対し、東海岸北部のアングロサクソン系文化圏の人々の間では、握る時間も短く握手も上下に一回きりという場合がある。アングロサクソン系の人はラテン・アメリカやヨーロッパ大陸の人々に比べて、握手の時間が短いのが特徴である。

また、タイの国における挨拶は、握手でもお辞儀でも通用するが、タイ式では「ワイ」と呼ばれる独特の挨拶がある。頭を少し下げ、手を合わせて合掌したりするのが礼儀とされている。

6、フェーシャル・エクスプレッション（Facial Expressions）

世界的に有名なフランスの文化人類学者で、日本文化にも造詣の深いレヴィ・ストロースは、「構造主義」の生みの親として知られている。その「構造主義」を「顔」にたとえてわかりやすく説明したのもストロースである。彼は、「構造の定義は完全に人間の顔に当てはまる。人の顔は、目、鼻孔、上唇、下唇、耳、眉、などといった数々の要素から形成されている。そして、一つひとつの顔の個別性をなしているのが、この多数の要素間に存在する関係なのである。」と述べている。

喜怒哀楽、驚き、親しみ、迷いなどさまざまな顔の表情を情報伝達の手段にしてきた人間が、近年、電子メールなどの「顔の見えないコミュニケーション」の時代に入りつつある。電話とも違って、声が人の特徴や感情の起伏を伝えることもないのである。この現象を工学者の原島博氏は「匿顔の社会」と呼んでいる。また、面と向かって誰かと話をするより、コンピュータに向かってキーをたたくほうが楽という「オタク系」の人々が増えているのも事実である。

ところで、「顔の表情」は「フェーシャル・エクスプレッション」と訳され、コミュニケーションにおいて重要な役割を果たしている。メラビアンは、対面コミュニケーションのメッセージのうち、七％が「言語」であり、三八％がトーン、イントネーション、ピッチ、ストレスの要素を含む「周辺言語」（準言語）、そして、残りの五五％が「顔の表情」によって伝達されるという研究を発表している。また、顔の表情がどの感情を示すかについて、エクマンらがさまざまな国の調査を行った。その調査によれば、笑い顔の的中率は群を抜いて高率であった。特に笑顔は、ほとんど万国共通である。しかし、その笑顔を引き起こすユーモア（おかしみ）は文化によって異なり、文化的、社会的バックグラウンドを知らないと笑えない。このセクションでは、まずは日本文化における「顔」の非言語表現から始め、後半は「笑い」を取り扱ってみたい。

（1） 日本における顔

日本人は、国内では「顔つなぎ」「顔みせ」式の訪問や会談は得意とするが、異文化を持つ人とのコミュニケーションを行う際に、顔の表情が豊かでないため誤解を受けがちである。日本人は一般に外国の人々からは、「平面的な表情からその真意、ホンネを読み取ることができない」と評されがちである。これを英語では“have a stony face”もしくは、「ジャパニーズ・フェイス」と言うそうである。

以前『能面のような日本人』の著者である金両基氏も、日本人は人種的には同じである韓国人と比べて「喜怒哀楽」をほとんど「顔」に表さないと述べた。同氏は、日本の茶道、生け花、踊りの写真集を見ていても、個性的でアピールすると思われる顔には出会ったことがないと主張している。言い換えれば、日本人とは、一様に自己の個性を押し殺した能面のような無表情の顔を持った民族ということである。ただし、同氏は「能面は決して自分みずからその心をアピールしないが、心の奥に近づくものをこばむことはない」とも指摘している。

話は少しそれるが、第二回遣欧使節団の一行が、エジプトのギザのスフィンクスを訪問した写真が残っている。一行は、攘夷派の突き上げに悩んだ江戸幕府が横浜港の再閉鎖を狙ってパリに派遣された使節団である。総勢三四人が現地に出向いたが、交渉は不調に終わったのである。写真の一枚にはスフィンクスを背に、羽織、はかま、それにちょんまげ姿の武士二七人が写っている。しかし、彼ら一行の顔は、凛々《りり》しい「さむらいフェイス」である。やはり、明治維新に臨む彼らの姿勢が当時の「顔」として写真にも反映されているのである。

(2) 文化と横顔

「横顔」を文化的に比較すると、日本人は隣の韓国を含む外国とは異なる文化を持っている。日本で「横顔」と言えば「プロフィール」を思い浮かべる人が多いが、日本語の「横顔」には「その人の知られていない部分」という意味が含まれているようである。日本語の慣用句には「横道にそれる」「横取りをする」「横やりを入れる」「横車を押す」などという、正しくない、横しまという否定的な意味を持つ表現が多くある。欧米の絵画や写真ではあたり前の横顔が、日本では美として描かれていないようである。筆者の友人もアメリカでパスポートを切り替えた際に、写真館で少し斜め「横」からパスポート用の顔写真を撮られたことがある。カメラマンが写真を撮る時の合い言葉は「あごを引いてまっすぐ背筋を伸ばして」ではなく「ジャスト・スマイル」であった。

日本では、昔は「美人」を表す言葉に「中高《なかだか》」というものがあった。正面から見て真ん中、つまり「鼻が高い」という意味である。その反対語は「中低《なかびく》」「ぐるり高」で、これは鼻が額やあごよりも低いという意味を示すのである。つまり、これは正面顔中心の美意識であり、横顔は無視されているといえる。美意識についてであるが、例えば日本人と韓国人では、顔の見方を含めて異なる美意識を持っているという研究報告がある。それによると、日本人は相手の顔を正面から平面的に見ているが、韓国の人は正面のみならず、斜め横、真横から、立体的に見る傾向があるという。これからは、日本人も異文化間対人コミュニケーションの際に、自分の「横顔」を大いに活用してはどうであろうか。

（3） あごのメッセージ

日本語では「あごを出す」といえば、へばったり弱ったりしたことを意味するが、欧米文化では「あご」を人の意志、性質や気力などに結びつけて考える傾向がある。例えば、「ヨーロッパ人はアゴを前に突き出し、攻撃的な姿勢を無意識にとる。そうでないと、世知辛い世の中を生きて行けないのだ。日本人はアゴを引く。あるいは姿勢を低くする。どうして日本人はアゴを引いているのか、おもしろい観察を下したフランス人がいた」と分析したのが多田道太郎氏である。日本では凛々しさを示す際、例えば証明写真を撮る場合もそうであるが、「あごを引くこと」が要求される。英語では「あごを上げて、弱みを見せるな」という意味で、"Keep your chin up!"が「頭を上げて、胸を張れ！」"Keep your head up! Cheer you up!"と同様に日常の会話でよく使用される。欧米では、「あごを引く」ことは、優柔不断、意志薄弱と見なされる。英国BBC放送の日本語部長であったトレーバー・レゲットは、「西洋人はアゴの形からアインシュタインのような形は意志が弱く、彼の協力者であったインフェルドは、強い性格と普通考える。たとえば森鷗外の写真を見ると、意志の弱い人のアゴと受けとられる」と指摘している。

（4） 歯のメッセージ

一九八〇年代に諸外国の大学で「日本経営の秘訣」の研究がさかんに行われていた。その中で注目された一つが、「ガンバリズム」"歯を食いしばって"目標に向かってがんばる姿の日本人の心理の研究であった。

日本では、「歯を食いしばる」というと、何か試練とか苦痛を耐え忍ぶ時の、固く結んだ「口元」

の姿がイメージ化される。しかし、これを英語に訳すと、"set one's teeth" か "grit one's teeth" である。このように「対自的行為」においては、日本語と英語に文化のズレは存在しない。しかし、ズレが起きるのは小林裕子氏によれば、英語ではこれを相手に対する「対人的」行為に用いるところだそうである。つまり、「私に対して歯を食いしばるな！」"Don't grit (set) your teeth at me!" と対面コミュニケーションで相手に発することができるのである。日本語では、「私に向かって歯を食いしばるな」という用法はあり得ない。

ところで、「歯を食いしばる」で忘れてならない人物がいる。それは、元阪神タイガースのエースで監督も務めたことのある故村山実投手である。村山投手は一九五九年に阪神に入団し、いきなり一八勝を挙げ、最優秀防御率のタイトルを獲得。六二年には二五勝してリーグ優勝にも大きく貢献した。連投のマウンドで「歯を食いしばって」まるで機関車のように投げる姿から、「人間機関車」と異名を持つチェコのマラソン・ランナー、ザトペックにちなんで、「ザトペック投法」と呼ばれ、速球とフォーク・ボールで長嶋茂雄、王貞治らに真っ向から勝負を挑む姿で、日本中の野球ファンの心をとらえた。一九五九年、当時の長嶋選手にサヨナラ・ホームランを打たれた天覧試合は、野球史に残る「名勝負」と今でもうたわれている。

歯に関して、外国人が最もいやがる日本人の癖がある。それは、例えば相手の人から何かを尋ねられて「サァー……」と発した時に、かみ合わせた歯と歯の間からもれる「ヒッシング・サウンド」(hissing sound) である。これは、特に中年の日本の男性に多い癖で、歯を「つまようじ」でつつく音に似ているため、異文化の人に敬遠されがちである。

（5）笑いのメッセージ

「笑いは健康の素」と昔からいわれてきた。医学的に見ても、大笑いすると免疫力が向上するようである。ところで、日本人の笑いを「ワライ」と「エミ」に区別した人物は、民俗学者の柳田国男氏である。同氏によれば大きく口を開け声を上げるのが「ワライ」であり、これは聴くものであり一つの攻撃方法であった。他方、「エミ」とは声がなく、見るものであり一種の「会釈《えしやく》」であったそうである。「笑い」を観察してみると、アジアの女性は笑う時に手を口元にあてるものと考えられている。この行為は“giggling”「くすくす笑い」と呼ばれるが、アジアではこの行為は男性が近くにいる場合に特によく行われ、その女性が感情的な女性でないことを示していると考えられている。しかしこの行為は欧米人には奇異に映り、何かバカにされた感じを持つ人が多いので注意が必要である。

（a）イヌイット文化：スマイリング・ピープル

アラスカのイヌイット（エスキモー）は、白人から「スマイリング・ピープル」と呼ばれるほど、四六時中ニコニコ笑いを浮かべていることで有名である。このことは、文化人類学者の祖父江孝男氏の研究によっても明らかであるが、伝統的なカナダのイヌイットの間では、できるだけうれしそうにケタケタ笑いころげるのが、挨拶なのである。

人類学者の研究では、「イヒヒヒ」「ケタケタ」「ニコニコ」と笑っていても、それはおもしろくて笑っているのではないそうである。イヌイットは対人関係にきわめて敏感で、他人に嫌われないように笑っているという定説がある。

（b）カーター元大統領はスマイリング・プレジデントか

「スマイリング・ピープル」で忘れてならないのが、ジミー・カーター元大統領である。バードウィステルは「スマイル」に注目し、スマイルの頻度がアメリカ合衆国の中において違いがあることを検証する研究を行ったコミュニケーション学者である。

バードウィステルの研究では、アメリカの中でも南部の人たちが「スマイル」においては他の地域に比べ、群を抜いていたのである。一九七四年に各家々を個別訪問するという「ドア・ツゥー・ドア・キャンペーン」で赤ん坊にもキッシングをする（kissing babies）という伝統的なアメリカの選挙コミュニケーション戦略を忘れなかったジミー・カーターは、例の「カーター・スマイル」で見事大統領に当選した。これは、今でも語り草になっている。

（c）　ユーモアを通しての笑い

日本の文化では、ユーモアを通した「笑い」は、親しい友人の間の雑談、学生のコンパなどきわめて私的な場所にかぎられるようである。ユーモアがあれば、複雑でわずらわしい人間関係を楽しく「笑い飛ばす」ことができるというが、ユーモアは文化によって相違がある。

アメリカのレーガン元大統領は、ユーモアの達人と言われている。一九八一年の三月に、そのレーガン元大統領がワシントンのヒルトンホテルの前でピストルで撃たれ、重傷を負い病院に救急車でかつぎ込まれたのである。しかし、同大統領は奇跡的にも一命を取りとめたのである。このことは、テレビその他のメディアで報道され、大統領の様態を心配していた国民を大いに元気づけ安心させた。そして、いよいよ手術という時に外科の主治医が「大統領閣下、私が主治医でございます。これから手術に入らせて頂きます」と言うやいなや、レーガン大統領は医師達を見回して、すかさず「皆さんは、共和党だろうね！」と発したのである。これは、レーガン大統領の共和党の宿敵ライバルである民主党員なら、切断しなくてもいいところを切断されてしまうというジョークである。そうしたら、主治医も大統領に向かって「本日、私どもは全員共和党です！」と余裕のあるボール（台詞）を投げ返した。

一気に局面が変わる「意外性」と「回転の速さ」が、ジョークの命といわれている。ただし、いかに優れたジョークでも相手にユーモアのセンスがなければ、笑いは起こらない。レーガン大統領は、まさにその両方を兼ね備えたグレート・コミュニケーターといえる。「笑い」は、しばしば国際交渉などで利害の対立する人たちの上げた「こぶし」を下ろさせるのにも効果を発することがある。構えた相手を安心させることをディスアーム（武器を取り上げる）というが、ユーモアは異文化間の人々の心の軍縮、武装解除にもつながるのである。

（d）ユーモアの種類

次に「ユーモア」の種類について述べてみたい。

（1）「ユーモア」（Humour）とは、人を傷つけない上品なおかしみ、またはしゃれの事。

（2）「ジョーク」（Joke）とは、人を笑わせるねらいのある冗談小話。（民族間のエスニック・ジョークも含む。）

（3）「機知」（Wit）は、敏活な知性の働きで、時には相手の弱点や欠点をえぐる。平凡な見方をあざ笑って自分の知的優越感を満たすもの。

（4）「ワイズクラック」（Wisecrack）とは、ピリッする気のきいた冗談のこと。教養人の専有しがちであったユーモアを大衆が自分流に使うもの。

（5）「駄じゃれ」（Gag）とは、劇中で観客を笑わせるために仕組まれたこっけいな台詞や事件。

（6）「語呂あわせのシャレ」（Pun）とは、二つの意味を持つ言葉や同意異綴《てい》の言葉を使って、聞き手をひっかける「言葉の遊び」。

（7）「トール・テール」（Tall tale）は、その名のとおり誇張した大風呂敷きを広げた「ほら話」。

（8）「皮肉」（Sarcasm）とは、人を傷つける痛烈で嘲笑的、軽蔑的な意図を持つもの。

（9）「風刺」（Satire）は悪徳・愚行、または習慣や制度などの不合理を露骨に摘発して批判するもの。

（10）「反語・当てこすり」（Irony）とは、実際に表現された意味と意図された真の意味とが逆で、こっけいで皮肉な効果を持つもの。

（11）「ナンセンス」（Nonsense）これは文字どおり「ばかばかしいこと」。

このセクションのはじめに「笑いは健康の素」と述べたが、事実医師達の実験で作り笑いを二時間続けた患者の、ガンに対する免疫を持つとされる「ナチュラル・キラー細胞」が、活性化されたと報告されている。

（6）涕涙《ているい》の感情表出ルール

喜び、悲しみ、怒りなどの「喜怒哀楽」は、世界中どこもユニバーサル（普遍的）である。しかし、それらの表現の仕方は文化によって異なり、その「感情表出ルール」も、そのために顔の表面に現れた表情も異なる。

例えば、日本には「涙」を題名にした演歌が多く、美空ひばりさんの歌の「酒は涙か溜息か」などからも、日本人は「涙もろい性格」とレッテルを貼られがちであるが、中国、台湾、それにギリシャの女性のように「号泣」する文化と、その悲しみを「抑える」日本文化とでは、悲しみを表すことについての表出ルールが異なる。金両基《キムヤンギ》氏も「韓国人のお葬式はにぎやかである。喪主たちが大声で泣きながら悲しみを表し、涙も身振りもおおげさである。動的な韓国の葬式と静的な日本の葬式の習俗は、じつに対象的で、感情表現の違いがよく出ている。その違いは祝宴などのめでたい時でも見られる。」と日韓の文化比較を行っている。

(7) 〝背中〟と日本文化：コミュニケーション解読法

昔、相撲力士の増井山関がヒットさせた日本の演歌に「男の背中」という名曲があり、今でも時々カラオケで耳にする人も多いであろう。この曲を聞いた筆者の外国からの友人に、「日本では最近〝男の背中〟の意味を知らない若者が増えている」と聞かされ驚いたことがある。

「かすむ父の背中」という新聞記事によれば、「文部省の調べ（九三年）では、父親が「躾《しつけ》」を分担している日本の家庭は全体の五二％と米国の六八％を大きく下回っている。悩み事の相談相手になっている家庭は二五％。米国の四八％の約半分にしか過ぎない」とのことである。これは、日本の父親が戦後復興と高度成長の過程で家庭を母親に明け渡し、父性を放棄したことが原因だそうである。かつて、職場と家庭が接近し大家族だった時代、子供には「父の背中」がよく見え、祖父母も含め、いろいろな人が子供をしつけていた。また最近では働く母親も増えているため、父親不在の現実が一層色濃くあぶり出されている。こうした危機に気がつき、神奈川県海老名市の地元の父親たちが「ダメおやじ会」を発足させたのである。古都宗正氏は「幼稚園などで友達のできない子供は、父親の影が薄い」と述べている。同氏によれば、マイホーム型パパだけではだめで、ほかの大人との関わり合い(インター・アクション)の中で活躍する姿を見せる必要があるようだ。この呼びかけに五〇人近くが集まったそうである。「ジャガイモを洗うから、バケツに入れて。このほうがタワシで洗うより早いんだぞ」とあるお父さんが声をかけると、約二〇人の子供が駆け寄ってきたそうである。

不況と競争激化で仕事の重荷が増す中、広がりをみせる子供の危機は父親達に、会社も家庭もという二重の課題を突き付けていると言われている。その中で芽生え始めた家庭や地域での新しい役割の模索は、父性復権=「男の背中」へのシングル・ステップかもしれない。

7、身体接触学(Haptics)

身体接触は、「接触学」(haptics)の領域に位置づけられており、最もベーシックな非言語コミュニケーションの形態である。その基本は、母親と幼児との「タクタイル(触覚)・コミュニケーション」(tactile communication)にみることができる。人々は成長するプロセスにおいて、年齢、性別、状況、他者との関係や地位などを踏まえた文化的・社会的に容認された接触のあり方を身につける習性を持っている。しかし、接触の容認度や、頻度や、接触の持続時間などは、文化によって大いに異なる。

一般にフランス人は、北欧人、英国人や、アメリカ人より密接に寄り集まる傾向が強い。このためフランス人の生活は、高度な感覚型を持つ「触覚型」といわれている。「フランス人が感覚に力点を置くことの証拠は、彼らが食べたり、客をもてなしたり、しゃべったり、ものを書いたり、カフェに集まったりする仕方に現れるばかりでなく、地図の書き方にも見られる」とホールも述べている。他方、アメリカ人は「非触覚的」といわれている。アメリカ人は動物にたとえると「白鳥型」に属する。白鳥にはお互いの距離を一定に保つ習性があるからである。英国人や、英国系カナダ人、それにドイツ人はさらに身体接触が少ないし、日本人の身体接触はそれ以下となる。

（1）身体接触の欠如と暴力的性格

身体接触と運動の欠落について、ジェームス・プレスコップは興味深い研究報告をしている。彼は、「視覚、嗅覚、臭覚、味覚とは関係なく、身体接触と運動の欠落は、抑鬱、自閉症、活動過多、異常性行為、薬物乱用、凶暴性、攻撃性を含んだ数多くの『情緒障害』の原因になる」と断定的に報告している。

暗殺者には、幼年期に母親との身体接触が少なかった人物が多いとイスラエルのアヴァル・フォークも研究書の中で述べている。ジョン・F・ケネディ大統領を暗殺したハヴィー・オズワルドや、リンカーン大統領を暗殺したジョン・ウィルクス・ブース、それに近年では、前イスラエルのラビン首相を一九九五年に暗殺したユダヤ人青年のイェーガル・アミアーなどは、いずれも幼年期に情緒障害を持っていた人物達ということは注目すべき点である。

（2） 二〇世紀は触覚が崩れた時代か

二〇世紀の特徴の一つは、科学上の新発見に基づいて新技術が発見され、それが素晴らしい発展を遂げたことである。二つめの特徴は、人間の持つ五感のうち、「視覚」、「聴覚」、「臭覚」、「味覚」の四感に関しては豊かさがもたらされたことである。他方、人間の対人コミュニケーションの基本的な感覚である前述したタクタイル（触覚）に関しては、豊かさがもたらさなかったといえる。心理学者のハリー・ハーロウは、触覚の源が、幼児期における母親の胎内経験にあることを指摘したコミュニケーション研究者の一人である。

例えば、出生直後の母子の触れ合いの重要さに関して、モリスは「これは霊長類として人間がサルや類人猿などと共通して持つ非常にベーシックな特質である」と、乳児期のサルに行った実験結果で報告している。H・ハーロウの研究グループは、赤毛ザルの赤ん坊に「針金」で作った「冷たい感触の母親」と「ぬいぐるみ」で作った「温かい感触の母親」という二つの種類の代理母を与え、両種類の母親の乳房に埋め込まれたチューブからミルクを与えたところ、赤毛ザルの赤ん坊は、「針金で作った冷たい母親」ではなく「温かみのあるぬいぐるみの母親」を好み選んだのである。また、実験の途中から、ぬいぐるみの母親からはミルクが出ないようにしたが、赤毛ザルの赤ん坊は、ほとんどの時間を「温かみのあるぬいぐるみの母親」に抱きついたまま過ごし、空腹の時のみ「針金の冷たい母親」に移ってミルクを飲んだのである。結果は、赤毛ザルの赤ん坊にとって、「温かみのあるぬいぐるみの母親」が、実際の「ミルクを与える母親」と同様な「タクタイル・コミュニケーション・エンパワメント」と呼べる、対人コミュニケーション力を与えてくれたことを示している。加えて、「温かみのあるぬいぐるみの母親」とのスキンシップを一切許されなかった赤ん坊は、成長期にも異性に対する興味を示さず、希薄であり、妊娠して出産したとしても自分の赤ん坊に興味や愛情を注げなかった結果が報告されている。これは、現代社会の親子関係や「幼児虐待事件」、「キレル症候群」、「対人コミュニケーション希薄さ」の改善法にも大いに関係することである。

なおスイスの心理学者であるピアジェは、人間の心理に関して多くの研究を発表しているが、その中でも以上の事柄に関連する「人が発達する上でたどる環境のとらえ方」についてのプロセス、すなわち「認知構造」の発達プロセスについて興味深い記録を残しているので紹介したい。

8、人工表現　色彩の非言語メッセージ（Artificial Exrressions & Colour Messages）

筆者は、「色彩」もまた非言語コミュニケーションの重要な一つであると考える。

この世には、識別できる色が一〇〇〇万も存在する。しかしながら、一般人にはこのような種類の微妙な色彩の区別はできないのである。色彩の専門職についている人など限られた人だけが、このような色合いを識別できるのである。また、現在使われている色彩辞典には約四〇〇〇万の色の名前が収録されているが、われわれ一般人はせいぜい二〇ぐらいしか挙げることができない。また、女性のほうが非言語のメッセージを解読する能力が、男性より優れているといわれているが、色彩の微妙な差の識別でも女性のほうが優れているようである。

さて、ここで少し、色彩そのものについて考えてみたいと思う。

B・ベンリンとポール・ケイという人類学者は、世界の九八の言語において色彩を表す言語を研究した。彼らの研究によれば、どの言語でも色を表す基本語は一一個で、それ以上は存在しない。しかし、組み合わせの割合などをいろいろ変えると、色の可能性は二〇四八になるそうである。しかし、実際には二二の組み合わせしかなく、そのルールは次のようになる。

(1) どんな言語でも、最低二つの色彩語を持っている。そして二つしか色彩語のない場合は、白と黒に限られる。
(2) 色彩語が三種類しかない言語では、三番目の色は必ず赤である。
(3) かりに四色の言語を持っている場合には、四番目の色は緑ないしは黄色で、五種類の色彩語しか持たない言語では、必ず緑と黄色が加わり、白、黒、赤、緑、黄になる。
(4) 六種類の色彩語では、六番目は青である
(5) 同じく、七番目は茶色である。
(6) もし、かりに八種かそれ以上の色彩語を持つ場合は、紫、ピンク、オレンジ、グレーが常に含まれる。

M・ヴォーカスによれば、アメリカ人はたいてい色彩のスペクトロムの部分を、「オレンジ」「赤」「ピンク」「紫」と識別するという。

例えばファッションやインテリアに興味を持つ人ならば、この部分の色の語彙に「タンジュリン」(赤みがかったオレンジ色)、「アプリコット」(赤みがかった黄色)、「フーシャ」(明るい紫紅色)、「チェリー」(さくらんぼ色)、「ポピー」(オレンジがかった赤色)、カーネーション(淡紅色)、「ルビー」(深紅色)、「カーディナル」(緋色)、それに「クランベリー」(深紅色)の単語を加えるのである。一方、美術に関心のある人は、さらにこの部分の色の単語として「コパー」(銅色)、「サーモン」(鮭肉色)、「クリムソン」(深紅色)、「スカーレット」(緋色)、ワイン色で知られる「バーガンディ」(赤紫色)などを加える。

また、文化人類学者のビクター・ターナーは、中央アフリカのニデブム族の「赤」、「白」、「黒」の三色についての興味ある研究発表をしている。彼らの文化では赤が血で、白はミルクか精液、黒は排泄物によってシンボル化され、それぞれ生殖、母子関係、それに死といった意味を持つと信じられている。

日本語で最も古い色彩語は「白」と「黒」である。これは、白と黒を色の基礎と考える古代ギリシャの伝統的な考えと同じである。

（1）　ニュートンの色彩メッセージ

ところで、「少数の色の光のみを用いても、非常に多くの色を混色によりつくり出させる。白でさえつくり出せる」という事実を発見したのは、「万有引力の法則」で知られるアイザック・ニュートンであり、これは古代ギリシャ以来の伝統的な考えをくつがえすものとして重大な発見だったのである。ニュートンはケンブリッジ大学時代に、混合によって生じる色の予想のために「赤」「橙」「黄」「緑」「青」「藍《あい》」「菫《すみれ》」の七色からなる「色円」（カラー・サークル）を考案した。そして、これが今日の色度図と色立体の両方の基礎となっているのである。ただしニュートンは、光そのものが七色の色を帯びていると考えたわけではない。彼の残した名言である「光線に色は、ついてはいない」（The Rays are not coloured.）は、そのことを如実に物語っている。

日本では、「緑」「黄色」「茶」などは後世になって生まれた色彩語のようである。ところで、ジャパン・スペシャリストのエドワード・G・サイデンスティッカーは、『源氏物語』の名訳者として世界的に有名な学者である。同氏が『源氏物語』の異文化間の翻訳で一番苦労されたのは、作品の中に出てくる平安時代に使用された植物や自然物、特に、クローバー系の「はぎ」色などをいかに英訳するかだったそうである。結論としてサイデンスティッカーは、「はぎ」は日本語をそのまま翻訳の中に入れ、注釈をつけて"Hagi"としたのである。

（2）色の相性センス

人それぞれに似合う色のことを英語では、「コンプリメンタリー」という。直訳すれば「補色」であるが、カラー・コーディネーターによれば、コンプリメンタリーは色の相環上の反対色であり、人それぞれ肌の色や髪の色には、コントラストをなす補色が似合うという。例えば、ブロンドの髪の人にはコントラストをなす「ブルー」が似合うのもこのためである。また、ブルーネット（茶・黒髪）の人には薄茶色、ベイジュっぽい色か黄色系統の暖色がマッチするといわれている。茶系の赤毛の髪には淡緑色（アクア・カラー）がコンプリメンタリーな色でよく似合うと考えられているが、赤系統の衣類などを着ると、髪の色があせて見えると専門家は述べている。

（3）色の好みは地理・文化に関係があるか

色彩の好みには、地理的または文化的な違いが存在するのであろうか。米国の色彩研究所の調査では、熱帯地方に住む人は明るい色、白、それに黒系色を好むようである。それに対し、温帯のモンスーン地方に住む人は、コントラストをつけるための白色はさておき、混色してぼかした色調やパステル調を好むそうである。彼らはこの傾向を「人間の色彩パーセプション能力」と関係づけている。言い換えれば、熱帯地方では太陽光線の照射角度の影響で、明暗のコントラストがはっきりして日陰ができる。このため熱帯地方に住む人は、自分が見慣れていない微妙な色彩度の違いから生まれる色を、衣服や美術に好んでは用いないようである。例えば北ヨーロッパや、カナダやアメリカ北部の人々は、輪郭のぼやけた影を見慣れているので、さまざまな色彩が混ざった複雑な色に同調する傾向がある。

また、オレンジがかった赤の一種は、イタリア人とメキシコ人に人気のある色である。

中央アメリカの人々は別の赤系の色を好み、スラブ系の人々はさらに別の赤系統の色を好む傾向がある。これとは反対に、スカンジナビア文化圏の人々は、明るい青と緑の系統が好きなようである。同じ北アメリカの先住民であるネイティブ・アメリカンの間でも、「自然」に対して好みの色の違いのバリエーションが存在する。筆者が行った調査では、アリゾナ州に住む多くの種族は緑色より高原色ともいえる茶色を美しいと感じるのに対し、オレゴンの海岸地方の近くに住む種族は、緑色を茶色より美しい色と受けとめている。

山地の人は明るい冷色の色調を好む傾向があるし、田園地方では、日頃見慣れている草色は特に好まれないようであるが、都会に住む人にとっては緑色が最も「やすらぎ」を感じる色として圧倒的な人気がある。住んでいる環境は人々の色彩の好みに影響するのであろう。

(4) リンゴの色と文化比較

リンゴの色は日本では、一般に「赤」と相場が決まっている。かつて、日本のグレート・シンガーといわれた美空ひばりさんの名曲に「リンゴ追分」という題名の歌があった。あるテレビ番組でひばりさんが、この歌を披露していた際のバックのリンゴも赤であった。しかしながら、フランスのように、リンゴといえば赤ではなく、「緑」と相場が決まっている国もある。フランスは、「農業国」としてヨーロッパ農業を支えている国である。「フランスと聞けば何を思い浮かべるか?」という質問に

「芸術の国」「ファッションの国」「シャンソンの国」と答える人は素人で、「農業の国」または「リンゴが緑の国」と答える人がいれば、その人は相当なフランス通だそうである。言語学者の鈴木孝夫氏はフランスでは pomme（リンゴ）という果物を、一般的には vert（緑）と考える文化習慣のあることに気づいて、いろいろ調べてきた研究者である。「果物としてリンゴには赤も黄色もあるのに、ただ pomme といえば、その色として緑を考えるのである」と述べたことがある。

（5）髪のカラーのメッセージ

古代から、髪の毛は民族によって解釈の相違はあるが、一般には人命の一部であり、「パワー」の宿るところだと信じられていた。また、髪の色は目と同じく人の気質を反映するものと信じられていた。

例えば、ブロンドの「金髪」（fair hair blonde）は臆病で軟弱な人物を意味していたのである。また、「金髪」は次のように分類される。「淡い金髪」の pale blonde,「プラチナのような髪の毛」である platinum blonde,「蜜のような金髪」の honey blonde, それに「ゴールドのように輝いている金髪」の golden blonde の四種類である。

東洋人やスペイン系の人に多い「黒」（jet black）や「こげ茶」（dark brown）色の髪は、バイタリティがあふれ道義心を表すものと考えられていた。「縮れた髪」（curly hair）は、気立てがよく、隠やかな性格を意味していたし、他方「まっすぐに伸びた髪」（straight hair）は、陰険でズル賢い性質と見なされていた。世界の歴史に名を連ねた美女の多くは「赤毛」（red hair）であったといわれている。「赤毛」は情熱的で激しい愛情の持ち主の証でもあったが、一方では、かんしゃく持ちの鉄火肌な性格ともされていた。エジプトの女王であった「クレオパトラ」がその代表といわれている。クレオパトラは、アントニーを恋のとりこにしたばかりでなく、多くの男性の心を奪ったことでも有名である。

また、悪妻として知られている、ギリシャの哲学者ソクラテスの妻のクサンティッペ、またロシア皇帝のピュートル三世の妃のエカテリーナ、そして現代では、イギリスのエリザベス女王も赤毛の髪の女性として有名である。

「白髪」は、旧約聖書においては、「長寿のしるし」として尊敬され、永遠のシンボルでもあった。

(6) アイ・カラー

目は一般に「心の窓」といわれているように、その人の感情や心情を表す器官である。「ライト・ブルー・アイズ」や、「ダーク・アイズ」(ロシア民謡にもある「黒い瞳」)の人は一般に、勇敢で強い性格の持ち主といわれている。また、ラテン音楽の名曲の代表としても知られる「グリーン・アイズ」の持ち主には、意志の強い人が多いようである。「ダーク・ブルー・アイズ」の人は、一般に繊細で優雅な性格の持ち主といわれているが、淡褐色の「ヘイゼル・アイズ」の人は、剛毅でバイタリティのある気質の持ち主でもある。なお、日本人も含めアジア系の人に多いのが「ブラウン・アイズ」である。「ブラック・アイ(ズ)」とは「殴られて、黒くまができた状態の目」のことである。目の色は自分で変えることができないので、英米の文化では肉体的特徴を示すものとして、身分証明書や運転免許書には必ず明記することになっている。

（7）ブルーと緑にまつわる異文化間のイメージ

ある言語の研究者によれば、日本人は「青」（blue）を日常生活であいまいに使用していると指摘している。例えば、旅を愛し、自然を愛した若山牧水の有名な歌に次のようなものがある。「白鳥や悲しからずや空の青、海の青にも染まずただよふ」。この歌では空も海も同じ「青」で形容しているのが特徴である。また、信号機の色も、赤、黄、緑ではなく、青と言ったりする。

しかし、他の英語圏では「ブルー」と言った場合には、通常は「海」の青を意味し、空の青のほうの「ブルー・スカイ」（blue sky）と分類を別にしている。ただし、英国の王室の色は「ロイヤル・ブルー」（royal blue）で「ネイビー・ブルー」（navy blue）と区別されている。欧州大陸でも、「青」は高貴な色のイメージが強く、「ブルー・ブロッド」（blue blood）と言えば、由緒ある貴族の出のことを意味する。一方アメリカで「青をまとう」（wear blue）と言えば、身分が低いという意味になる。ただし、週末あけの月曜日の「ブルー・マンデー」（blue Monday）は「憂うつな月曜日」という意味がある。このイメージは多くの文化圏で共有されているようである。

「ブルー」の青が悲しみの色であるのは、アメリカのアフロ・アメリカンの間で奴隷開放以前から歌われてきた「ブルース」のメロディに関係がある。ブルースは、ご承知の通り、一種独特な憂うつな音調を奏でるのが特徴である。歌詞もどちらかといえば、個人的な悲しみや苦労を表すものが多く、「サマー・タイム」や「セントルイス・ブルース」は日本でもお馴染みの名曲である。このブルースが元になって生まれたのが「リズム・アンド・ブルース」であり、ビートルズ、エルビス・プレスリー、また七オクターブの歌声歌手で知られるマライア・キャリーその他の歌手・グループにも大いなる影響を与えたのである。

この「ブルー」に対して「グリーン」は、「ねたみ」を示す色として、特に欧米で知られている。かの有名なイギリスが生んだ大文豪ウィリアム・シェイクスピアの悲劇の一つ、「オセロ」は有名であるが、そのオセロの中のイアーゴという人物の台詞に「嫉妬は、緑色をした怪物」という一節がある。「緑」の由来は、猫やトラ、それにライオンなどの猫科の動物が捕まえた獲物（game）を食べる前、もてあそぶ時にその眼が「緑色」に光ることから来ているといわれている。

9、パラ言語（Paralanguage）

（1）パラ言語の種類

「パラ言語」は、通称「周辺言語」もしくは「準言語」とも呼ばれており、「声の高低」「リズム」「テンポ」「声量」など話すことにかかわるすべての「音声刺激要素」である。

一般的に確認されているパラ言語は次のとおりである。

（1）「声のピッチ」（イントネーションの高低。例えば、ヴァリトンやソプラノの声）

（2）「スピード」（音の頻度と規則性。例えば、ゆっくりとした、ためらいがちな話し方や、早口の話し方）

（3）「音質」（声の高さや性質。例えば、耳ざわりな声から力強い声の範囲）

（4）「音量」（音の強さと弱さ。例えば、囁《ささや》きから叫び声や金切り声まで）

（2） サッチャー元英国首相はパラ言語の達人

「パラ言語」の達人といわれたのが、「鉄の女性」とも言われた英国のマーガレット・サッチャー元首相である。サッチャー首相は、首相というイメージに取り組んだ際に、声を低くするトレーニングに時間を費やしたのである。「高い声」は緊張感や神経質さ、自信のなさを伝えると判断され、これに対し、英語で言う「バリトン・ヴォイス」、つまり低くて深い声は、強さや男性らしさの表現として受け止められるからである。

ここで、「パラ言語」のみならず、今まで述べてきたさまざまな非言語コミュニケーションの分野をかねそなえた、人前での発表場面について少し述べてみたい。

さて、読者の方がどこからか講演や発表のプレゼンテーションを依頼されたとしよう。その際、発表では唇の開きを大きくして明瞭な発声をし、十分なボリュームとほどよい低さを保って、堂々と話すことが必要である。

（3） 人前でのプレゼンテーション法

人前でのプレゼンテーション（自己発表法）場面では、（A）身体表現、（B）空間表現、（C）色彩表現、（D）モノによる表現、（E）時間とタイミングなどの要素が聞き手に与える印象の重要な決定要因となる。

身体表現の中身は前のセクションでも述べたが、大きく言って「姿勢」と「動作」に分けられる。人前でのプレゼンテーションで大切なことは、「背筋」を伸ばし、腕や手の動きにも落ち着きとダイナミズムの両方のバランスをとることである。

次に自分の手を置く位置に関してであるが、日本では公式の場でスピーチなどを行う時には、かしこまったつもりで「前に手を組む」というのが、謙虚さを表すサイン、文化価値として受け止められている。

しかし、欧米などでスピーチやプレゼンテーションを行う際には、このジェスチャーは「自信のなさ」として受け止められ、それは「イチジクの葉のポジションですよ」（fig leaf position）と忠告を受ける。（アダムとイブがリンゴを食べてから、恥じらいを感じ始め、前で手を組むようになったことを覚えておくと、それが頭にインプットされ前に手を組まなくなるそうである。）

「空間表現」では、演台にしがみつかずにステージを自在に使ったほうがよいとされている。また、「色彩表現」では、服装からメガネのフレームやバンドまで細かく考慮し、モノの使い方としては各種のスライド、最近ではＯＨＰ（オーバー・ヘッド・プロジェクター）に変わって実在拡大映像機から、サンプルまで気を配る必要がある。

「時間」に関しては、登場時刻からユーモアをとるタイミング、質疑応答までのタイム・スケジュールが欠かせないと、異文化コミュニケーションの研究者も指摘している。プレゼンテーションは、聞き手との対面対人コミュニケーション——聞き手にとってどう聞こえるか、見えるのか——で決まるようである。

10、アルファクション（Olfaction）

「香り」と「匂い」は、われわれの日常生活において重要な位置を占めているにもかかわらず、これまで伝達のシンボルとして学問研究領域の対象とはされてこなかった。しかし、人は「文字」に対してと同様、「香り」と「匂い」に対しても一定の意味づけをしており、また一定の反応を示すのである。文字に対してと同じく学問的な情熱をそそがれてもよいはずなのに、実際にはそうではない。それは、「匂い」は文字のように分類や記録がしにくく、また、とらえにくいからかもしれない。人間は文明化の過程で匂いの感覚を失ってきたといわれているが、ウィーナーは、今でも感情の表示として、外面的化学メッセージを発することができると説いている。

(1) 衛生としての〝香り〟の文化比較

香りのエッセンスである「香料」(perfume)の語源は、ラテン語のPer fumumに由来するもので、このことから芳香樹脂を燃やして出た香りを非言語メッセージとして神に捧げるという考えに端を発する。コミュニケーションの語源であるコミュニケーレと同様に、古代エジプト人は薫香を神に捧げることを重要なリチュアル(儀式)と考え、太陽の神ラーに対して、香煙に乗って魂が天国に導かれんことを祈ったと伝えられている。

これは、建物の内部を芳香で満たしたいという記録の最初のものである。エジプトの寺院の壁に、その寺院の祭神の前に香炉が置かれている壁画が見られるのはこのためである。

彼らは、ラー神に日の出には樹脂香をそなえて、午後には没薬を献じ、夕方の日没時にはクレオパトラも愛好した薫香「キフィ」を捧げて拝礼していた。

(2) 悪鬼・悪霊ばらいのコミュニケーション・アクト

トンプソンによれば、激しい匂いのある芳香物質を燃やして出る燻煙は、空気のみならず人体をも清め、災危をもたらす悪鬼・悪霊を駆逐するという考えは、古代から世界各地の文化にあったようである。古代バビロニア人とアッシリア人は、病気を起こすと考えられた悪魔を追い払うため、ある種の呪文を非言語メッセージの手段として唱えながら燻蒸を行い、その考え方は長い間生き続けた。今でも、一般に不快な匂いを取るために使用されている方法は、さらに強い匂いで前の匂いを隠すというやり方で、匂いのない消毒材は一般の人々には信頼されていないようである。古代ギリシャの医師達は、各種の芳香を薬の中に入れ、芳香物質による燻蒸は彼らの治療の一部であった。

パプアニューギニアのキー島の住民は、野牛の角を燃やして悪霊を追い払う。カナダのトンプソン河に住む先住民は、災危をもたらす悪鬼を避けるためネズミを燃やしたりする。シチリア島では紀元前五世紀に、香木を大量に燃やし、ペストの猛威と災危を食い止めたのである。

以上のように、神の御意にかなう香りの「奉納」と悪霊を苦しめそうな物質を用いて行う「燻蒸」とは、両極端な非言語コミュニケーション・アクトといえるが、この二つの基本的考えは世界中の多くの民族に共通するものといえる。その理由は次の三点に要約できる。

(1) 人間が快いと意識し感じる「香り」は、神々をも喜ばせる。
(2) 生けにえを燻蒸したり、死者を埋葬する際の匂いを、薫香をたいて隠したり、消したりする。
(3) 薫香は祈りというコミュニケーション・アクトの媒体物であり、神々を喜ばせる芳香が煙りになって立ち去る際に、祈りもそれに乗って神々の許に達する。

ユダヤの人々は、常に祈りと薫香とを関連させていたことはよく知られているが、中国や朝鮮半島でも昔から薫香や香料を線香の形で用い、寺院の中や儀式の際に用いた。日本では寺院や家庭で香を用いる習慣があり、「匂い袋」も昔から使用されている。

ちなみに香料技術は、一六世紀の初めになって、フランスではなくイタリアで育ち始めたのである。特にベニスは、コンスタンチノプルやアジアから貿易船で交易品として運ばれてきた芳香樹脂と香木の取り引きのメッカとなった。なお、オーデコロンは、ドイツ人であるヨハン・マリア&バプティスト・ファリナ兄弟によって、一七〇九年に「嘆賞すべき水」(Aqua Admirabilis)に目をつけ製造されたのが始まりである。一七五六年に始まった、七年戦争で各国の軍隊が「コロン」に駐在した際、この水は薬効力水として有名になり、フランス人の間で知られるようになったそうである。

(3) 嗅覚文化と非嗅覚文化

「嗅覚文化」と聞くと、中近東のアラブ文化を思い浮かべる人が多い。アラブ諸国では、香炉や香珠をめぐって「嗅覚文化」が観察できるばかりか、お互いに相手の頬に口づけをし、頬の匂いをかぐようにして挨拶をしたり、相手の目を見ながら「息」のかかるぐらいの距離で、その匂いをかぐようにしたりして対面対人コミュニケーションを行う習慣がある。特に、アラブ諸国の結婚の仲人は、娘の匂いをかいでくるように頼まれることがある。香ばしくないと結婚も破談になるともいわれている。

タイにも似たような習慣があり、タイの人は挨拶の際アラブ人と似た口づけの仕方をし、それを「頬のよい匂いをかぐ」と表現する。また、女性は「匂い袋」を持っていて、何かで興奮のあまり気絶しそうになると、それを鼻にあてるということもある。ギリシャでは、自分の家で料理をしたり食べたりしている食べ物の匂いをゲストにかがせるのが一種の「もてなし」とされている。

こうした文化と対照をなすのがアメリカのミドル・クラス文化であり、「香り」とは違い、「匂い」

に関してアメリカ人は消極的といわれている。一般的に他の文化と比較した際、アメリカでは「よい匂い」の範囲が他に比べてたいへん狭いうえに、それに入らない匂いは消し去ってしまおうとする傾向がある。言い換えれば、アラブ人が匂いを自然の一部と見なしているのに対し、一般にアメリカ文化では、匂いは「意図的操作」ができるものと見なしている。そのために、消臭剤であるスプレーはじめディオドラントその他が大量に消費され、台所やトイレでも、それらしき匂いを消そうとする努力を惜しまない。アメリカの人々は、ある統計によれば年間一〇〇億ドル以上の製品を購入し、防腐剤、ジャコウ・シカ、花や果物、その他の自分以外の匂いを身につけている。

夏ともなれば、体臭の匂い消しや消臭剤の売れ行きはウナギ上りになる。ちなみに、英語の「匂い」にあたる単語は"smell"であり、これからしてもアメリカでは匂いは日本と違って中立ではなく、よい意味を持っておらず、不潔というイメージがつきまとうことがわかる。これらの理由を照らし合わせてみると、アメリカ文化は「反嗅覚文化」とも呼べる。

11、ジェスチャー（Gestures）

（1）ジェスチャーとは

「ジェスチャー」の研究を科学的な学問領域に取り入れたのは、オックスフォード大学の動物行動科学者のデスモンド・モリスである。モリスといえば、『マン・ウォッチング』や『人間動物園』、『裸のサル』などの文献で日本でも馴染みの深い学者である。同氏はこれらの著書を通して、動物行動学の視点からヒトのしぐさを霊長類の行動と比較し、その隠された意味を解読、解釈するという独特の方法を紹介したのである。その後モリスは、主に欧州の四〇の地域で二〇のジェスチャーに関して、インタビューと顕微鏡学的ともいえる学際的フィールド調査を行い、それぞれの地域文化の意味に関して「ジェスチャー地図」を作成し、一躍世界的名声を博した。同氏によれば、ジェスチャーの特徴は次の三点（1）ジェスチャーが地域的、歴史的に異なった意味を持つこと。（2）また、それらの意味が変容するのは、ジェスチャーの遺伝的、生得的な側面ではなく、各文化の価値観などに影響されること。（3）ジェスチャーは、無意識に出るしぐさではなく、あらかじめ意味が定められたサインによるコミュニケーションの方法も存在する、に要約できる。

また、モリスはジェスチャーについて著書“GESTURES”の中で、「人間のジェスチャーに関しての研究は、これまでひどく軽視されてきた。たしかに言語学者と呼ばれる人は多いし、言語の研究は科学として受け入れられている。しかしながら、ジェスチャーの専門家といえば、珍種の鳥のようなものだ。もっとも、絶滅にひんしているから稀少《きしょう》なのではなく、今まさに進化し始めたばかりなのでまだ、珍しいのである」と述べ、行動科学者の間で注目を集めた。このセクションでは、まずは、なぜジェスチャーの科学的な研究が、二〇世紀末期になるまでなされてこなかったかについて述べてみたい。これには以下の二つの理由が考えられる。

一つめは、これまでジェスチャーというものが、人間のコミュニケーションの手段において低次なもの。言語によるコミュニケーション以外の接触行動パターンは、原始的で取るに足らないものと見なされてきたことである。モリスはこの点に関して、「（しかし、）人間社会の付き合いは、さまざまな、身体の動きや表情に大きく依存している。うつろいやすい気分や情緒のコミュニケーションに関する限り、ジェスチャーによる情報伝達のほうが話し言葉によるものより、むしろ重要であるとさえ言いたい。話し言葉は、事実や理念を伝える場合には優れているが、ジェスチャーがなければ、われわれの社会生活は冷たく機械的なものになってしまう」という意見も述べている。

ジェスチャーの研究を阻害している二つめの原因は、ジェスチャー自体が言語分析を拒んでいることに由来する。ジェスチャーは、対人コミュニケーションの非言語の部分を担っているものであり、それを言語化しようとすれば特別な難題に立ち向かわねばならないからである。しかし、それに対しては、芸術運動の地域性と歴史とを探求することにより、芸術作品についての理解が深められるように、ジェスチャーに関しても、われわれが普段は明白なこととしている「ささいな行為」の地域差や歴史的なバックグラウンドを研究することによって、多くの事柄を学ぶことができるのである。モリスの主張を要約すれば、「非言語メッセージ」のほうが「話し言葉」よりも大きな比重を占めているという事実にもかかわらず、これまで多くの行動科学者やコミュニケーション学者が、近年になるまでいかにこの分野の研究を怠ってきたか、という一つの「警告」としても受け止められる。また、前述した「プロクシミックス」や「キネシクス」の問題なども、動物学におけるテリトリー（縄ばり）やディスプレー（誇示）のコンセプトとの関係に結びつけて考えると、より深い理解が可能である。

N・フリーゼンによると、ジェスチャーを形づくる手の動きは次の三つに分類できる。一つ目が「表象」で、これは「サイン」の種類のことである。例えば、OKの指のサインが日本ではお金の意味を表すのに対し、アメリカではOKを示す。しかし、南メキシコでは卑猥、また南フランスではくだらないことを表す意味になるのである。

二つ目が「イラストレーター」で、これは対話の中で一定の語句を強調したり説明したりするのに使う手振りや動作のことを指す。三つ目の「身体操作」（アダプター）とは、TPO（時・場所・状況）によって適応する動作や行動をして無意識に生じる動きのことである。例えば身体の一部を覆ったりする行為（手を口にあてるしぐさ）、貧乏ゆすりをするのもこれに入る。

（2）ジェスチャーの機能

また「ジェスチャーの機能」は、物事の指示、感情の表出や、メタコミュニケーション（暗示的なコミュニケーションの規則）といった働きをすると考えられる。また、ジェスチャーは、これまで扱った顔の表情、アイ・コンタクト、姿勢その他に伴うもので、各文化の人間の心理や社会システムの秩序を維持するための行為といえる。つまり、言葉は事実や思想を伝える場合には優れているが、ジェスチャーがなければ、われわれの日常の社会生活は冷たく機械的になってしまうわけである。

前述したようにD・モリスは、ヨーロッパの四〇の地域で二〇のジェスチャーの違いを学際的アプローチに基づき調査し、それぞれの意味についてジェスチャーの地図を作成した。

簡単な例としては、例えば、フランスやベルギー、フィンランド、スウェーデン、インドネシア、日本などでは、ポケットに手を突っ込んだまま話すのは失礼なジェスチャーである。フィージー諸島では、両腕を上げると無作法だが、腕組みをするのは行儀のよいこととされている。

また、愉快な敬意の表し方が同じくトンガ島に残っている。トンガでは敬意を表すのに、住民は着ているものを脱ぐ習慣がある。

イギリスのウィンストン・チャーチルが有名にした「Vサイン」は多くの国では「Victory（勝

利)」の意味で使われるが、世界各地には屈辱のサインとして使用する国もある。イギリスのサッチャー元首相は、保守党党首当選の瞬間に「裏返しのVサイン」を報道関係者に見せたことがある。これは、本人がVサインと間違えて、屈辱のサインを送ったとして解釈する人もいる。

多くの異文化では、人の面前でつばを吐くのはケンカにもなりかねない侮辱ととられているが、アフリカのマサイ族の戦士がそうした場合は、「友好」と敬意を表している行為のジェスチャーとして解釈されている。

首の振り方であるが、首をタテに振れば「イエス」、横に振れば「ノー」が普通であるが、ギリシャやトルコ、インドなどでは、これは逆の意味になる。イタリアの北部では、首を横に振って「ノー」の意味を示すのに対し、南イタリアでは頭を後方に一回強く引くようにして「ノー」を示し、同じ文化の中にも明確に異なるジェスチャーの違いの境界線がある。イタリアのシチリア島では、アゴを突き出して、少しあお向くと、「ノー」であるが、エチオピアでは、仰向いて眉をつり上げると「イエス」で、首を右に振ると「ノー」になる。ジャスチャーは、一方では「所変わればジェスチャーも変わる」でさまざまであるが、世界共通のものも多い。しかし他方では国や文化、それに地域差ばかりでなく、さらに男女差、年齢差、個人差、それに状況差の違いもあることも考慮する必要がある。

12、縁起と迷信（Omen & Superstition）

「所変われば品変わる」というたとえがあるように、世界の文化にはそれぞれの風俗や慣習が存在する。また迷信や縁起をかつぐのは、人間性のしからしむるところといわれている。したがって、非言語コミュニケーションの最後の項目として「縁起と迷信」について触れてみたい。以下では特に動物と食べ物、それに数字にまつわる縁起と迷信について取り上げることとした。

（1）動物の迷信

動物のイメージは「縁起と迷信」にも大いに関係する。しかし、それは文化によって水と油ほどの相違がある場合がある。日本では「可愛い」とされている熊（さん）も、イギリスでは無作法の代表であるし、また孔雀は高慢の象徴で、平和のシンボルとされているハトは無益無害を意味するものとされている。これ以外に迷信として次の例がある。

キリスト教では「羊」（sheep）が神聖な動物と見なされているが、ヒンズー教では「牛」（cow）が神聖化されている。キリスト教では神の子の誕生を告げる星のまたたきに気づいたのも羊飼いである。また、「迷える羊」（lost sheep）のように、神の救いを必要とされる対象物にも羊が選ばれている。

しかしながら、羊に似た山羊《やぎ》（goat）は、聖書の中では悪役扱いになっている。例えば、英語には「羊」と「山羊」を分けるという慣用句がある。（"Separate the sheep from goats."）直訳すれば「善人と悪人を分ける」であるが、善人は「羊」で悪人は「山羊」である。

ところで、アメリカの西部劇の悪役の主人公として知られ、実在した人物の名前も「ビリー・ザ・キッド」である。「キッド」（kid）とは、（山羊の子供）のことであるが、英語の「人をからかうな」は、"Are you kidding me?" で「子供（子ヤギ）扱いしないで下さい」という意味である。

また、生けにえにされる山羊は「スケープ・ゴート」(scape goat) と呼ばれる。日本では、この言葉は犠牲者として使われているが、これは聖書では贖罪《しょくざい》の山羊のことである。言い換えれば、古代ユダヤで贖罪日に民の罪を負わせて荒野に放された山羊のことで、他人の罪を負わされる「身代わり」の意味である。

（2）食べ物の迷信

食べ物の材料に関しては、人間はかなり保守的である。例えば、イスラムの人や保守的なユダヤ系の人が豚肉を、インド人は牛肉を食べない習慣があるのをはじめとして、それぞれの文化で食べない品の選定リストがあって、非言語的メッセージとして厳しく守られている。

ところで、ユダヤ教にはカシュルートという飲食についての厳しい律法がある。特にオーソドックス（厳格）なユダヤ教徒は、今でも厳密に食生活に関して戒律を守っている。彼らは、陸上の動物は反芻し合ってヒズメが割れており、カシュルートに従って処理した動物以外を食べることは禁じられている。そのため豚肉やハム、ソーセージはもちろんのこと、ウロコのないタコ、イカ、エビ、それにヒレのない魚類やそれを原料にした製品も口にしないのが習わしである。

日本では、フランス料理で使用され高級料理と見なされている食用ガエルやカタツムリは敬遠される傾向が強い。また、中国料理に使用されている犬や猫、それにヘビなども敬遠される。

「リンゴ」に関しては、色彩の個所でも取り扱ったが、ここではリンゴの特徴などに関して、迷信に関連させ探ってみたい。

リンゴは、それ自体英語表現の中に最も多く登場する果物といっても過言ではない。

特に寒さの厳しいヨーロッパでは、果物の種類が豊富ではなかったため、その種類も限られていた。その中で庶民の日常の暮らしにおいて最も身近な果物であったのがリンゴである。そのため、リンゴは貴重でかけがえのないビタミンの源として、重宝がられてきたのである。

ところで西欧文化は、次の四つのリンゴの非言語要素に特徴づけられている。

一つ目が、アダムとイブが食べてしまった禁断の木の実のリンゴである。二つ目が、「トロイ戦争」の原因となった「不和のリンゴ」で、三つ目が、スイスがオーストリアから独立するきっかけを作ったと伝えられている伝説上の英雄、ウィリアム・テルのリンゴである。最後の四つ目がアイザック・ニュートンをして、万有引力の法則をケンブリッジ大学で発見させるヒントを与えたリンゴである。

これら四つのリンゴは、阿部知二氏によれば（1）キリスト教、（2）ギリシャ神話、（3）圧政からの独立、（4）近代科学、という西欧文化の四本柱をそれぞれ象徴し特徴づけているようである。

リンゴはまた、次のような英語の代名詞でも使用されている。例えば、「アダムズ・アップル」（Adam's Apple）といえば「ノドぼとけ」のことで、これは男性の急所でもある。また、リンゴは「（誰々）の瞳」、つまり、「目に入れても痛くないほど可愛い」「非常に大切にしているもの」の意味として"～the apple of my eyes"が使われている。ちなみにアメリカの経済の中心地であるニューヨークのニックネームは「ザ・ビッグ・アップル」（the Big Apple）である。

（3）　文化と数感覚の迷信

食べ物と同様に、世界の民族は文化的環境に応じて数を選び出した。そして、特定の好ましい数は聖数と呼ばれ尊ばれ、そうでない数は忌数《きすう》と呼ばれ、恐れられたのである。

意味を言葉や行為、すなわちシンボル（記号）に翻訳したり、再度意味に置き直したりする行為は、個人の文化的バックグラウンドや文化価値に基づいており、人によって異なる。メッセージを送る側と受け取る側の文化的バックグラウンドが、異なれば異なるほど特定の言葉や行為が持つ意味合いが異なるのである。

例えば、中国の新聞「サウス・チャイナ・モーニング・ポスト」が、次のような異文化の数字にまつわる記事を掲載し、話題になったことがある。

中国の広東語でEight「八」は、繁栄を意味するFaat（発）のように聞こえるため、香港の繊維業界の大物として知られるラオ・ティン・ポン氏は、一九八八年に乗用車番号の「八」を得るのに五〇〇ドルを支払った。そして、一年後に、ヨーロッパのある億万長者は、香港の太陰暦初日の競売で四八〇〇ドルを支払って乗用車登録番号の「七」を得たのである。彼のこの番号の決定は、中国人は不可解であった。その理由は、「七」という番号は中国人の「計算」の中では、幸運を呼ぶ上でほとんど意味をなさなかったからである。

世界的に人気のある聖数は、「七」であるが、忌数で代表的なのが「一三」のようで、一三日の金曜日は一番人気がない。しかし、日本の石塔に関して言えば、三重の塔や五重の塔はかなり珍らしく、圧倒的に一三重が多い。奈良県の談山《だんざん》神社には一三重塔が一棟残されている。宮崎興二氏は、これに関して次の理由を挙げている。

桃山時代の「匠明《しょうめい》」によれば、三重の塔は仏の身・口・意の働きとしての「三密」を、五重の塔は宇宙の構成元素である地・水・火・風・空の「五大」をそれぞれ表現している。それに対して、一三重塔は一三の仏を表している。一三仏とは、人が亡くなった後の、初七日、二七日、三七日、四七日、五七日、六七日、七七日、百日、一回忌、三回忌、七回忌、一三回忌、三三回忌の一三回の法要でまつる一三の仏のことで、中心となるのが一三回忌の大日如来《だいにちにょらい》である。一三仏めぐりというのも、今なお盛んである。

また、京都には一三参りといって、生まれて初めて一二支を一巡して一三になった少年、少女が陰暦の三月一三日に、嵐山の法輪寺にお参りしてお菓子をもらったりする習慣がある。このように、わが国では「一三」には「新しい門出を祝う」といった意味合いが込められていて、めでたい数字でもある。

「三」という数字は、他の文化に限らず日本でも縁起の良い数字である。三色旗、三原色、親子三代、三位一体など数え上げればきりがない。

特にプロ野球の選手達は、なぜか背番号「3」に憧れる。背番号「3」イコール大スターであり、球団の「顔」であるからであろう。日本のミスター・ベース・ボールといわれた巨人軍の長嶋茂雄氏の選手時代の背番号は「3」であったし、アメリカのミスター・ベース・ボールといわれ、最初に六〇本のホームランを打ったヤンキースのベーブ・ルースの背番号も「3」であった。巨人軍移籍で世間を騒がした清原選手の背番号も「3」であったが、本人は巨人移籍の際、落合選手同様、「永久保存番号の3」の使用はためらったのである。

（a） 強打者は三番打者か四番打者か

日本の野球では、最強打者は四番打者と相場が決まっている。ただし、一九九六年にセ・リーグの巨人を倒し日本一に輝いたオリックスでは、四番打者は日替わりであった。

しかし、海の向こうのメジャー・リーグでは、四番打者が必ずしも最強打者ではない。ヤンキースの黄金時代にホームラン王で最強の打者であったベーブ・ルースは三番で、四番は二塁手のルー・ゲーリックであった。

大リーグでも四番打者は、走者を一掃するクリーン・アップ・ヒッターの称号が与えられる。しかし、実際には三番打者が最強である場合がほとんどである。それどころか、首位打者は二番打者という時期もあった。若い打順に強打者を並べるのを、トップ・ヘビー打戦という。

(b) 五の迷信

星型の五角形と聞けば、アメリカの首都ワシントンにある「米国防省」の五角形の建物を思い浮かべる人が多い。「米国防省」は通称「ペンタゴン」と呼ばれているが、ペンタとは「五角形」の意味である。

しかし、対人コミュニケーション研究家で、特に人間のコミュニケーション行動・活動において、ペンダット(五角型)理論を確立したのは、かの有名な思想家であるケネス・バーグである。バーグは、人間のコミュニケーションにおける行動の動機の考察を次の五つの組(ペンダント)「行為」(何が起こったのか)、「場面」(それはどんな文脈で起こったのか)、「行為者」(誰がその行為を行ったのか)、「意図」(なぜそれはなされたのか)を考え出した。

五角形や星型五角形は「黄金比」という不思議な比に関係しており、これは数千年前の古代エジプトのピラミッドや古代ギリシャのパルテノン神殿にも現れており、西洋の美を象徴するものとして信じられている。

紀元後の中世では、黄金比だらけの星型五角形は「ソロモンの星」といわれて、神がかった神秘的な魔力に満ちていると考えられたようである。ユダヤ教の六角形で知られる「ダビデの星」はソロモンの父親のダビデにちなんだもので、これにも魔力があると信じられている。「ゲーテ」の「ファウスト」には、悪魔のメフィストフェレスが星型五角形を恐れる場面が出てくるのである。

ところで、日本を代表する春の花といえば「サクラ」であるが、サクラは五角形あるいは星型五角形に咲く花として知られている。梅や桃にも五角形があるが、紋章なども五角形で神秘的な形ともいわれている。

ギリシャでは紀元前の七世紀に、幾何学者であったピタゴラスが、黄金比が対角線を入れた星型五角形のいたるところに現れるという奇妙な事実について、気づいていた。彼は、星型五角形を自らの秘密主義の学校のシンボルマークに使用し、弟子達には黄金比がひそむことを秘密にするように厳命したのである。その掟を破って秘密を漏らしてしまった弟子の一人は、天罰を受けておぼれ死んだと伝えられている。

歌舞伎に「三月《みつき》、四月《よつき》は、袖《そで》も隠す、早、五月《いつつき》の岩田帯…」という台詞がある。つまり、おめでたから五カ月に入ると、着帯式をあげた後に、岩田帯（腹帯）をしめる習慣があるのもこのためである。今では、何週間目に岩田帯をしめるという計算の仕方をするので、歌舞伎の台詞も変わるといわれている。「五」は、歌舞伎でも縁起が良い異数字として受け入れられている。例えば、「白波五人男」もその一つで、海外の歌舞伎ファンに受けの良い作品である。

（c） 六の迷信

一般に「六」という数字は、二を女性とし、それに男性である三を掛け合わせたもので、愛または結婚の数としたと信じられている。六月は結婚式が多く、その花嫁は「ジューン・ブライド」と呼ばれる。結婚シーズンになじむからという説もあるが、六月はちょうど学校卒業後で気候が良いことにもよるからである。

「六角形」とは、通称「ヘクサゴン」のことである。六角形の星型は、かごめ模様ともいわれている。上向きの三角形は安定した大地で「静」を意味し、下向きの三角形は不安定なところから「動」を表示し、二つの三角形を組み合わせた六角形は宇宙全体を象徴する「ダビデの星」として、ユダヤ教のシンボルとなっている。

（d） 七の迷信

西洋の音楽は、七音階（heptatonic scale）を基本とする。なぜ七音階のドレミファソラシかといえば、地球を回る天体が日、月、水星、金星、火星、木星、土星のちょうど七つあったこと。そして、北斗七星の存在、月の満ち欠けが七つの四倍の二八日で一巡することなど、七に関する物理的な事実が豊富にあるからである。一方、農耕民族が伝えてきた民謡は、五音節（pentatonic scale）から成り立っている。これはアジア文化に由来する。

「七」という数字は、洋の東西を問わず一般に「縁起」の良い「ラッキー」ナンバーである。世界の七不思議の一つにバベルの塔がある。バベルの塔は七階建てであった。ユダヤ・キリスト教では、神は六日間ですべてのものを創造し、七日目は休んだのである。この休みのことを「サバス」という。アメリカなどの大学では、七年に一度、半年間は研究のために休める「サバティカル・リーブ」という制度がある。このサバティカルという言葉の起源は、この「サバス」に由来する。これが、一週間は七日という風習を造り出す結果となったのである。新約聖書の「ヨハネ黙示録」には、七つの封印、七つの教会、七つの魂、七つの星、七つずつの角と目を持った七匹の小羊、七人の天使が登場する。

ただし、ラッキー・セブンの歴史は古代メソポタミアに始まるようである。特にシュメール人、アッカド人、カルディア人（通称バビロニア文化）が、太陽と月、そして夜空に輝く星達が五つあることを発見し、それを「プラネト」と呼び、水・金・火・木・土の星と名付けた。彼らは、それに太陽と月を合わせた「七つ」の天体にはそれぞれ神様が住み、それが天地はむろん、人間をはじめとする生物や鉱物を支配していると考えたのである。

バビロニアの人々は、宇宙の中心に静止している地球があって、太陽と月を合わせた「七つの星」が、宇宙の空間と時間を支配しており、地球の周囲を順番に回っていると考えた。星達が一周するのに七日かかり、そこから一週間という尺度が生まれたのである。また、それは月の満ち欠けを測る日常生活とも一致したのである。「七」は太陰暦の一カ月の四分の一にあたる。これで「七」が聖数として崇められたのである。ヨーロッパでは、ギリシャの「七賢人」、「世界の七不思議」それに「七つの海」というように、「七」で一つの区切りをするようになったといわれている。

キリスト教の天地創造にも取り入れられた「七つの大罪」、聖母マリアの「七つの悦び」など、七にまつわる言葉を数えたらきりがない。

中国では、宇宙の構成原理を、陰陽五行（日月と木火土金水）の七つと考えていた。また、その宇宙を守るのは、北極星と北斗七星。七宗、七書、七経、七増、七徳、七難などと言って「七」でまとめた言葉が多い。

インドの五世紀頃の仏教像によると、広大な円盤状の海の中央に、七重の山脈に取り囲まれた立方体状の天国とも言われた須弥山《しゅみせん》がそびえ、上空には金銀などの七宝で飾られた、七枚の正方形の板のような園が浮かんでいたと伝えられている。その宇宙のすべてを構成する元素は、四大（地水火風）でも五大（四大と空）でも六大（五大と識）でもなく、七大（六大と見）であった。

アメリカ先住民のズーニー族の世界は、トーテム組織の七重（七部）の形態、特に空間（スペース）に関する考えに反映している。彼らの全体としての空間は、北、南、東、西、上、下、中心という「七」つの地帯に分割されている。

例えば、北には気が、南には火が、東には土が、西には水が、また同じような分類で、北は冬の帰るべき所、南は夏の、東は秋の、西は春のという分類になる。人々のクラス、職業、制度もこの基本の枠組みの中に整理され、戦争と戦士は北へ、薬と農耕は南へ、呪文と宗教は東へといった分類がズーニー族の文化では成立している。

一方、日本では、古くより松、竹、梅、鶴、亀、富士、旭日の七つの物事は、「無病息災」、「不老長寿」の証として尊ばれている。この思想は七福神地の思想に大いに関係がある。

七福神は、人々に金財（金運）、繁盛（商運）、繁栄（家運）、良縁（人運）、達成（成功願望）、安心（安全・守護運）、長寿（健康）という七つの「招福力」をもたらし、幸せな生活を実現させてくれるという思想である。

七福神の「七」は元来、「多数」の意味で、仏教の経典「仁王経《にんのうきょう》」の「七難即滅七福即生《しちなんそくめつしちふくそくしょう》」を踏まえ、多くの悪いことがなくなり、沢山の良いことが来るようにという庶民の祈願を表していた。

つまり、七福神は「七つの福徳」をかなえ、「七難を滅する神」として、室町時代から盛んになった「現世利益《げんせりやく》」の祈願として人々の間に受け入れられてきたのである。

古くから中国の福神思想の影響で、財物に恵まれる幸せを授けるとされる福神を信仰する習慣が存在したが、七福神となったのは江戸時代からのことである。足利末期から続いた戦乱の後で、社会的生産が低下し、物不足を来たしモノが欲しいという信仰が強くなっていった。そこで、中国の福神ばかりか天竺《てんじく》・琉球・日本の神様まで加えて、国際的または異文化的なセットにしたのである。これが七福神菜である。このため七福神には、「大黒」、「恵比寿」、「布袋」、「弁天財」「寿老人」、「福録寿」、「琵汰門天」といったそれぞれの願望が込められていた。七福神の乗った宝船の絵に、横に「なか（長）きよ（世）のとおのねふりのみな（皆）めさめなみ（波）のりふね（船）のおと（音）のよきかな」と、上から読んでも下から読んでも同音の回文を書き添えて、枕の下に入れて寝るのが二日の晩の初夢の風習となった。これがやがて、正月の神社参拝の縁起となったのである。

（e）八の迷信

スキーのプルーク・ボーゲンとは「ハ」の字で曲がるという意味である。日本と中国では「八」という字を好む傾向がある。扇子の末広がりも「八」の字で縁起がよくめでたいという意味である。中国では「九」を永遠の数字と考え、インドでは「六」を有り難がり、西洋のキリスト教諸国では、

「七」を最善の「神聖教」とした。しかし、日本では、仏教でも神道でも「八」が最高位を占めている。

ただし、「八方ふさがり」は、縁起の悪い言葉である。特に、「八方ふさがり」は、九星気学に言う最悪運の星のことで、九年に一度めぐってくるといわれている。「八方ふさがり」の年には、大災難がふりかかっており、歴史上の人物では武田勝頼は、父親の信玄公が勝利を目前にした戦場で病死したために、その後の運勢に大きな打撃を受けた。信玄が没した年は、勝頼の星まわりが八方ふさがりにあたる二八歳であった。

しかし、「八方ふさがり」を必要以上に恐れる必要はない。進んで強力な気を迎えれば、むしろ「大きなチャンス」をつかむことも可能である。「八方にらみ龍」には、方災を打破する並外れた「気」と「威徳」が秘められていると信じられており、風水においてもドラゴンの「龍」のところへ行くと、いかなる邪気・悪運も追い払われ、隆盛運が呼び寄せられると信じられている。

ギリシャでは、三が最大限の数字として神聖化されたと同じく、日本では三を絶対数とし、それより多い「四」を無限大の数にしたという説がある。さらに四の倍数である「八《や》」は、「八百万《やおよろず》」にまで拡大され、日本の神話の中にも八が三と五と同じように使われている。ただし八重、八百、八千代は八の倍数ではなく、数の多いことを意味しているようである。

（f）九と一〇の迷信

九という数字は、古代のヘブライ人には不変の真理を意味していた。ヘブライ人は、九という数字は、何度掛けても割っても、それ自身数を変えることがないと信じていた。

昔から、私たちの一〇本の指は、数概念の具象的な媒体として役立ってきたし、今でも場合によって役立っている。手が人類に、その後の数の存在にとって驚くべき影響を与えた二つの根本的特質をもたらした。両手をそろえれば、一つの「全体」として見なされるし、また指の集合として「自然な連続」(一本の指から一〇本の指)と見なすこともできるのである。

「一〇人一〇色」、「一〇年一昔」など、一区切りに取られる言葉も数多くある。ユダヤ教の「モーセの十戒」から「一〇代ニュース」まで一〇の教訓を並べ立てるものも多い。

「十」を「とお」というのは、止尾(数の終わり)だから、指を一つ、二つ、三つと折って、最後に示される数だからともいわれている。漢字の「十」は、ものを寄せ集める意味との説も存在する。

もちろん、一年の月数のように一〇では終わらないものもある。一〇月は一年の最後の月ではないが、古代のローマの暦では一年は一〇カ月であった。しかし、一〇カ月では暦として不都合が生じたため、一二カ月に改良されたのである。しかし、その際、二カ月分が増えたせいで、月の名前も二カ月ずれこむ結果になった。

一〇月は英語では「オクトーバー」であるが、これは海に生息する「八本」(オクト)足のタコと同じ語源で、本来は八月を意味するものである。かつては八月だった月が一〇月に、そして九月が一一月に、一〇月が一二月にずれこんだのである。一二月は「ディセンバー」であるが、これは本来「一〇月」の意味である。

(g) 東洋の一〇に対し西洋の一二

ジョルジュ・イフラーは、「口頭による数え方の体系で今日、最も一般的なものは、「一〇」を底《てい》としている」と述べている。「一〇」以下の整数、それに「一〇」の冪《べき》は、それぞれ独立した名称を持っており、それらの間にくる他の数の名称は、「足し算原則」か「掛け算原則」により、これらの名称から作られる複合語になっている。

このルールに従って作られた「一〇進法」による数の口頭表現の例が、中国語に認められている。一般的には、モンゴル諸語、インド・ヨーロッパ諸語、それにセム語などは、口頭での数え方は一〇進法である。リュカ・E・ルーカスのように、実際には「一〇」を底数《ていすう》とすることがほとんど世界的に採用されたのは、「自然のいたずら」によるものだったと指摘する専門家もいる。つまり、これは人間の「両手」の解剖学的問題であり、人間が一〇本の指を使って数えることを覚えたことに関係がある。たとえば、私たちの指が六本ずつであったとしたら、今日われわれは、一二進法、つまり「一二」を底とした数え方をしていたに違いない。

ところで、キリストに関する一二は幾何学的な意味がある。例えば、キリストは一二人の使徒を連れているのに対し、お釈迦さんは一〇人の弟子を従えていた。伝統的に、キリストに関係する一二は幾何学的な意味を持っている。作図しやすい一二角形などに関係して、時間や方角を図形的に測る手段となったりする。これに対し、釈迦に関する一〇は、作図のむずかしい十角形やあまり意味のないさまざまな十面体といった幾何学的な色合いが濃いようである。昔から世界共通とも言える一〇進法を支えてきたほどである。伝統的に西洋人は幾何学的な考えを好み、東洋人は代数的な考え方を好むという説は、この一〇と一二からも裏付けられる。

以上で、一二の項目の異文化にみる非言語コミュニケーションの事例を取り上げ、加えて文化価値に関連もさせ比較する試みも行った。なぜならば、一つの文化を知り理解するということは、他の文化をも知り理解することであるからである。日本文化なら日本文化の特徴や事象を明らかにすることには、他の文化（異文化）と比較、対照することによって初めて可能になるからである。

例えば、われわれは日常、主に無意識のうちに何百、何千という非言語表現を用いている。ジェスチャー一つにしても独自の歴史や、文化的な由来を持つものである。非言語表現の歴史的、文化的意味を追求することによって、人間行動の原理やパターンも理解できるようになるのである。

また強調したい点は、「話し言葉」の場合とは異なり、特にプロクシミックス（対人距離）、視線、フェーシャル・エクスプレッションなどに関しては、ユニバーサルな意味を持つという危険なアサンプション（価値前提）を持つ傾向が強い。したがって、それを無意識のうちに自国の文化の価値として解読や解釈をしてしまうが、非言語行動の意味を決定する主たる要因が文化に根差している点も忘れてはならない。以上で取り扱った一二の非言語コミュニケーションの研究領域は、人間のインター・アクション（相互作用）において、「話し言葉」以上にパワフルにコミュニケート、すなわちメッセージを伝達するのである。

コミュニケーションのキーワード

「異文化コミュニケーション」Intercultural Communication

異文化コミュニケーションとは、異なる文化背景を持つ人々の間の情報やメッセージ交換のコミュニケーションのことである。異文化コミュニケーションは常に存在してきたが、好むと好まざるとにかかわらずビジネスの世界はボーダレス化し、モノからカネ、カネからヒトへと国境を越えて盛んに交流が行われている近年、特に注目されてきている。それは、ミクロの「対面・対人」レベルのみならず、マクロの「メディア・通信」レベルにおいて、その量と頻度が一九七〇年以降、飛躍的に増大してきたことと、その結果として生じる文化間の摩擦、軋轢、紛争の諸問題が人々に意識され始めたからである。従って、異文化コミュニケーションの目的は「自分（自国）と相手（相手国）の共生や共栄のために行うメッセージや情報交換、情報共有のための共通の意味形成のジョイント・ベンチャー活動」とも言える。

ちなみに、「異文化コミュニケーション」は個人、グループ、団体が対人コミュニケーションや相互接触・交流（インター・アクション）なしに文化的誤解や障害などの要因などを、一方通行的に研究する「交差文化コミュニケーション」（Cross-cultural Communication）とは異なる。例えば、読者が日本と韓国における「世代間コミュニケーション」を比較している場合には、それは交差文化的コミュニケーションの研究をしていることになる。しかしそれに対して、日本人が韓国の人とコミュニケーションをする時と、その逆の時の日本における「世代間コミュニケーション」も研究している場合は、異文化コミュニケーションを行っていることになる。

尚、異文化間コミュニケーションが比較的新しい研究分野であるため、理論化や研究方法論の開発や確立に関心を持つ研究者は限られているのが現実である。そんな中で、「異文化コミュニケーション研究方法の中心になるのは、歴史的方法、記述式方法、実験的方法の三種類になる」と提唱したのが石井敏氏である。

「多文化間コミュニケーション」Multicultural Communication

多文化間コミュニケーションの中身は、"Inter"の接頭語で始まる異文化コミュニケーションと類似する点が多い。しかし、多文化コミュニケーションのゴールは、多国籍"Multilateral"または多様で多元的な"Diverse"文化背景を持った人々と共に暮らしたり、仕事や共通したプロジェクトやビジネスを行ったりする際に生ずる対人コミュニケーションの問題や原因を探り、文化摩擦や紛争の解決法を模索してゆくことにある。異なる民族、異なる住民が共に暮らし、交流すればするほど理解が増え、国際交流が促進され平和になるといったナイーブな考え方は、往々は崩れ去り、混乱や衝突や敵対心が現れることもしばしばあるからである。

多文化間コミュニケーターとは、（1）複数の文化を受け入れながら、同時に文化間の価値観や非言語メッセージやコミュニケーション・スタイルなどの相違や類似点を認識し、理解したりすることができるマルチ・カルチュラルな人物のことである。（2）そうすることによって、それぞれの民族や文化に属する人々がアイデンティティ（自己の存在感）を自覚し、互いに尊重するところから、寛容の精神や相互理解が生まれるというフィロソフィーを持っている人物のことである。

「文化」Culture

文化とは、もともと「教養」、「継承」、「遺産」という意味から「習慣」、「伝統」や「風俗」に広がり、「生活様式」まで含むようになった。しかしながら、異文化コミュニケーション学や行動科学の研究者の間では、「文化」とは「人間の行動パターンや思考パターンであり、それは歴史的、地理的、民族的、心理的、言語的に定められ無意識の内に人間集団によって共有された規範、習慣、くせのことである。」＝「文化とは、人間の行動や思考パターンをガイドしたり、コントロールしたりする要因であり、その背後には文化の価値や信条が内蔵されている。」と定義できる。近年では、グロバリゼーションに伴い、それぞれの国や地域に根差した独自で固有のものは、「カルチャー・ボンド」(culture-bound) と呼ばれている。その一方、文化に束縛されない普遍的（ユニバーサル）なものは、「カルチャー・フリー」(culture-free) と呼ばれている。人類学者のマリノフスキーなどは、文化を人間の環境に対しての適応度を示すものとして、“Culture is men's adaptation to environments.” “Culture differs from environment to environment.” と述べている学者もいれば、また、近年では「文化は解釈である」と唱えている学派もある。

「コミュニケーション」Communication

「コミュニケーション」と聞けば、日本ではとかく「心と心の通じ合い」や「お互いの意志伝達」と思われがちである。つまり、話し手と聞き手の間に感情的な「相互理解」が成り立てば、コミュニケーションが成立したと考えられがちである。しかし、コミュニケーションを少し専門的に見てみると、必ずしもそうではない。コミュニケーションとは相手の態度を変化させ行動を起こさせることに目的があり、その規定は例えば次のようにも示される。
A.「コミュニケーションとは、相手に行動を促すための道具である。」
B.「コミュニケーションとは、物事の事実や真実を証明するための手段である。」（なお、これら二つは、元来レトリックといわれてきたものである。）
次に、コミュニケーションの定義を、筆者なりに収集し要約すれば以下の三点になる。
1、「コミュニケーションとは、シンボルやサイン、すなわち言葉や物などの記号を使用し、意味づけを行い意志伝達を図るプロセスである。」（なおシンボルとは、言語に代表される「記号」のことである。われわれが話をする時には、「言葉」という「記号」を使って情報を交換するのである。自分の伝えたいメッセージを言語化することは、記号化の一例である。また、本書で取り扱っている「非言語行動」もシンボルである。例えば、公式の披露宴などにジーパンではなく正装して出席することは、相手に敬意を示すための非言語メッセージの「記号化」であり、話し言葉以上にパワフルな記号となる。）
2、「コミュニケーションとは、二人（または、それ以上）の共同作業であり、互いのメッセージではなく、意図している意味を見出す行為である。」
3、「コミュニケーションとは、人々が一定のコンテクスト（状況）においてメッセージの伝達と解釈をめぐり、影響し合う動的プロセスである。」
以上とは別に、次のような定義も存在する。

(a)　J・フィスクは、記号論の視点から「コミュニケーションの根本は、意味（meaning）の生産と交換である。」と指摘する。

(b)　ダンス・ラースンの定義に基づき、岡部朗一氏は「レトリック・セオリー」を紹介している。「（レトリック説では）コミュニケーションの話し手、聞き手、コンテクスト（状況）、目的という外的要素と構想、構成、修辞、記憶、所作という古典的レトリックの五つの規範に相当する内的要素で構成されているという想定によるもの。」

(c)　その他としては、ニーレンバーグとカレロはコミュニケーションを「ゲーム」に喩えて、プレーヤー、ルール、勝利という用語を使用し"Communication as a game"と見る方法と、コミュニケーションを「ドラマ」として見る"Communication as a drama"それにコミュニケーションを「機械」に喩えて"Communication as a machine"であることを「メタ・トーク」の中で述べている。ただし、両氏はコミュニケーションの参加者がコミュニケーションを「ゲーム」として受け止め、勝ち負けを意識しだすと効率のよいイフェクティブなコミュニケーションは、行われなくなることも指摘している。

(d)　シャノンとウェーバーは、一九四九年に「コミュニケーション」を「情報源」↓「メッセージ」↓「受信者」という「伝達モデル」を使用し「コミュニケーションとは、伝達することを中心とした情報源」（人間の意志伝達のプロセスを発信者から受信者にメッセージを伝える）という視点からとらえるコミュニケーションの見方を提唱した。（なお外交や軍事分野において、アウトサイダーには理解が困難な秘密情報を伝えるために発案された「記号解読学」なども、シャノンとウェーバーの伝達モデルを形成する上で大きな影響を与えたといえる。）しかし、この見方に対して、人間の対面関係（face-to-face interaction）から意志伝達をとらえるコミュニケーションの見方（human communication）が、一九六〇年代から盛んになった。これには、人間主義的な心理学研究、行動科学の発展、対人コミュニケーションの発展、また一九六〇年代の米国の進歩的な政治的な社会革命などが影響を与えたからである。最後として、コミュニケーションを行うことと、コミュニケーションを成功させることとは別問題であることも明記しておきたい。

「コミュニケーションズ」Communications

上記の単数扱いのコミュニケーションは、人間レベルの意思伝達に関して用いられるのに対し、最後にｓがつく複数形のコミュニケーションズ Communications は、伝達の技術的な側面――つまり、マス・コミや放送局のメディア、それにコンピュータのデータプロセスや情報処理などの電子技術面――を指す言葉である。コミュニケーションという名詞は単複両形で使用されるので、注意が必要である。ＮＴＴは、一九九九年から情報やメディアに関する分野には「コミュニケーションズ」（NTT Communications）と複数形を使用し始めた。

「マルチメディア・コミュニケーションズ」（Multimedia Communications）

――「コンピュータ・コミュニケーションズ」と「テレ・コミュニケーションズ」の例――

マルチメディア・コミュニケーションズは、端的に言えば次の二つに分類することができる。一つ目が、最初がインターネットに代表されるコンピュータを活用し情報を操作する「コンピュータ・コミュニケーションズ」（Computer Communications）であり、二つ目が、電話（携帯電話も含め）やテレビなどを使用した「テレ・コミュニケーションズ」（Tele Communications）である。

「コンピュータ・コミュニケーションズ」を代表するのがインターネットである。問題は、コンピュータを使用する際の操作系の複雑化であり、操作には専門的な知識やノー・ハウ（know-how）が必要であることである。

これに対して「テレ・コミュニケーションズ」は、専門的な知識があまり必要ではなく、さまざまな情報・メッセージの交換機能を家庭用のテレビに取り付け、テレビ電話として誰もが容易に使用できる利点がある。「テレ・コミュニケーションズに必要なものは、「テレビ電話」を例にとれば、次の三点に要約される。最初に必要なものが、（1）ハードウェアである「テレビ電話機」である。これは、電子オーブンなどのように、誰もが容易に使えるハードウェアでなければならない。（2）次に必要なのが、ネットワークの基盤である「回線」であり、（3）最後にはハードウェアとネットワークを基に提供する「メッセージ」の三点である。例えば、電話回線を通しメッセージを交換して行うテレビ会議には、この三点が不可欠である。なおテレビ会議とは、「コンピュータ・コミュニケーションズ」を代表するインターネットが、既存のネットワークの基盤（インフラ）の応用技術の延長上にあるのとは違い、電話の回線網上にあるミクロの装置を利用し、二一世紀に受け継がれた通信技術といえる。

「コミュニカビリティ」Communicability

「コミュニカビリティ」とは、対人コミュニケーション能力と異文化感受性の開発のことで、対人・対面コミュニケーション能力とは相手と自分の関係、それをとりまく文化環境に適した「言語活動」ができる判断力、また対話が一定方向に進むようコントロールできる能力のことである。「コミュニカビリティ」は、人前で母国語や外国語を使うことができる能力である「スピーカビリティ」とは異なる。（詳しくは『絶対の英語勉強法』（中経出版）を参照されたい。）

「対人コミュニケーション」Interpersonal Communication

「対人コミュニケーション」とは、「インター・パーソナル・コミュニケーション」とも言われている。「インター」とは、「二人」（二つ）の間で話し言葉や非言語シンボルを使用し、情報交換や情報共有を行う目標で行われる相互的コミュニケーション行動のことである。また、対人コミュニケーションの目的は——（1）相手に情報を提供する。（2）相手に自分の印象を与える。（3）相手を楽しませる。（4）聞き手を行動にかりたたせたりコントロールする。（5）相手との相互関係を調整する。（6）相手との仕事上における関係を促進または継続する。（7）お互いのラポート（親密さ）を深める。——の七つにまとめることができる。

「ファティック・コミュニオン」Phatic Communion

「ファティック・コミュニオン」とは、別名「ファティック・コミュニケーション」とも呼ばれ、一般には「交際言語・交換言語」と訳されている。

元来は、B・K・マリノウスキーが使用したものであり、同氏によれば天候や健康についてのさりげない挨拶の言葉や社交上や儀礼上の近づきの「決まり文句」などをいう。

そのような場面で交わされる言葉は、言葉との本来の意味とは無関係な働きをする。「ファティック・コミュニオン」は、いわば「対人コミュニケーション」の潤滑油の役目を果たすものであり、言語学者のA・リチャードやS・I・ハヤカワは「情報の伝達や相手への働きかけではなく交際を円滑にするための、すなわち社会的な連帯関係を維持するために社交的に使用される「近づきの言語」と述べている。

「グローバル・コミュニケーション」Global Communication

グローバル・コミュニケーションとは、国家間の諸問題を取り扱う外交、政治コミュニケーションに類似しているが、主に個人、グループ、国民、機構、政府、情報技術機関によって国境を越えてもたらされる価値観、態度、意見、情報、データについて学際的に研究を行う分野である。小林登志生氏やハイデリックによれば、グローバル・コミュニケーションを学ぶにあたっては、異文化コミュニケーションの理論や、心理学、社会学、政治学、文化人類学などの分野のしっかりした基盤知識が、必要のようである。

「交渉」と「バーゲニング」Negotiation & Bargaining

「交渉」とは利害関係、すなわち利益や損益の存在する二つ（もしくはそれ以上）の文化的背景の異なるグループが平和的に、駆け引き（トレード・オフ）を行いながら、勝ち負けではなく利益を最大限に、損失を最小限に合意するコミュニケーション・プロセスのことである。

一方、「バーゲニング」という言葉も、「交渉」と同意語として用いられる場合が多いため、「交渉」の一部に含まれるとみなす研究者が多い。「バーゲニング」は、「合意条件の話し合い」、もしくは「言葉の応酬」、または「取り引きにおいて当事者同士が合意を目指すこと。または手を打つこと。」である。英語のハグリング「たたき売り」や「値引き戦術」などは「バーゲニング」である。

「交渉」とは、一応正式に交渉のテーブルについて明確な取り引きを行うプロセスを指す事が多い。一方「バーゲニング」とは、当事者同士が必ずテーブルに坐って相互の提案を、正式に交換する必要はない。

「異文化交渉」Intercultural Negotiation

「異文化交渉」とは、「二つ以上の文化背景の異なる民族グループ、国家の利害が一致したり相反したりするのを調整しようと試みる相互コミュニケーション作用」のことである。

異なった文化体系は、異なったコミュニケーションや交渉スタイルを生む。ここでいう異文化交渉の類型（パターン）とは、交渉の際に、こちら側の要求を相手の要求に合わせて調整し、合意を得るための手段、方法、戦略、戦術のことである。異文化交渉は、政治、外交、ビジネスなどありとあらゆる分野で行われている。

「クリティカル・インシデント」Critical Incident

「クリティカル・インシデント」とは、従来は面接に備えての実証的なケース・スタディの一方法で、職務に関して対応者に良く感じたグッド・インプレッション、もしくは悪く感じたバッド・インプレッションの決定的な出来事、すなわち「クリティカル・インシデント」を尋ねていくものである。F・ハーズバーグの「動機付け衛生理論」もこの方法に基づく理論である。八代京子氏によれば、近年では異文化コミュニケーションやトレーニングなどの分野でも、異文化接触などの時に生じる文化摩擦解消法の一つの方法として、クリティカル・インシデントの理論を取り入れた研究が行われている。

「パラダイム」Paradigm

パラダイムとは「理論範式」、「理論方程式」とも呼ばれているが、この言葉はアメリカの科学者が科学革命との関連で使用したのが始まりで、今ではコミュニケーションの分野、言語学はもちろんのこと、社会科学や自然科学、その他の分野でも使用されている。

パラダイムとは、ある一定の時代に長期間にわたって科学なら科学を支配する思考理論の一基本パターンが存在することを言う。例えば、パラダイムがある分野の集団によって受け入れられている時には、その枠内で標準的研究、分析方法が進んでゆき、問題が既存の方程式では解決できない場合がある。その時に、別の新しいパラダイム理論（方式、土台）にとって代わるといわれている。これが「パラダイム・シフト」と呼ばれるものである。

「レトリック」Rhetoric

「レトリック」とは、言語表現を行う際に単なる美辞、修辞、比喩、またはスタイルのみならず、ロジックと共に思考法の形態のことをいう。すなわち、レトリックとは「話し手・作者」などが「聞き手・読者」に自己の伝達すべきメッセージを、話し言葉や書き言葉によって、「受手側」の態度の変容や行動パターンの変化を期して、意識的・意図的な方法に基づき、説得や情報の伝達を目的とした戦略コミュニケーションの一端といえる。歴史的には、古代ギリシャやローマの伝統を受け継いできた多くの欧米の文化では、アリストテレスの「雄弁術」を基に修辞学の研究を行い「レトリック」の基礎を確立させた。

「メタ・コミュニケーション」Metacommunication

「メタ・コミュニケーション」とは、コミュニケーションについて論じるために用いられる「暗示型コミュニケーション」伝達法と言える。コミュニケーションでは、人と人との間に通うメッセージは話し言葉だけとは限らない。話された言葉を解釈する手がかりが存在する。これが「メタ・コミュニケーションの手がかり」と呼ばれるものである。対人コミュニケーションにおいて、われわれは相手のメッセージを理解するために、話し言葉のみならず、話された言葉を解釈する手がかりである、非言語的コンテクストや指標も考慮に入れてコミュニケーション活動を行っている。次はよく使用される例であるが、日本には「目は口ほどに物を言う」ということわざがある。しかし、「目によるメッセージ」と「口のメッセージ」は必ずしも同じレベルにあると言えない場合がある。われわれは対人コミュニケーションを行う際、相手の目の動きばかりではなく、顔色、声の抑揚、口調などの話し言葉以外の非言語メッセージ――すなわち目からのメッセージは、口からのメッセージがどう解釈されるべきかを指示するメタ・メッセージをキャッチしながら――の真意を解釈するのである。

「ホット・メディア対クール・メディア」(Hot Media Vs. Cool Media)

「ホット・メディア」と「クール・メディア」という造語を創ったのは、カナダ生まれのコミュニケーション学者マーシャル・マクルハーンである。マクルハーンは、「メディアはメッセージである」という名言で有名であるが、メディアをホットとクールにも分類し、新しい「コミュニケーションズ」の視点でメディアを見る方法を提示した。

「ホット・メディア」とは、多数の人に単一の感覚を一挙に高い精細度(データや情報が充実している状態)にまで拡張するメディアのことで、「クール・メディア」とは、低い精細度(データや情報があまり含まれていない状態)で感覚を拡張しないメディアのことである。「ホット・メディア」と「クール・メディア」を対比すると、次のような違いが浮き彫りになる。尚、( )内がクール・メディアにたとえられる。

写真(漫画)、2、ラジオ(電話)、3、表音文字のアルファベット(象形文字や平がな、漢字などの表意文字)、4、新聞(石碑文字)、5、講演(ゼミナール)、6、映画(白黒テレビ)、7、ホット・ジャズ(クール・ジャズ)、8、先進国(後進国)、9、都会人(田舎の人)、10、本(会話)、11、散文(箴言《しんげん》=いましめの言葉)。尚、現代の高度情報化時代では、上記の情報の内容が入れ替わる場合がある。

「ユビキタス」ubiguitous

ユビキタスとは「同時にあまねく存在」という意味である。二一世紀のネットワーク・コンピューター社会では、誰でもどこでもコンピュータに接続でき、コミュニケーションズが可能の環境の中で生活ができるというコンセプトである。現実に、我々の暮しの中では、コンピュータが生活や仕事の一部になっている。

あとがき

本書は、二〇〇三〜二〇〇四年度、文部科学省のメディア教育開発センターで行った「コラボレーションシステムの統合と国際化の研究開発」の研究成果の一部である。同センターには客員教授としてお世話になった。特に同センター教授の小林登志生氏には、お礼申し上げたい。

また、本書で取り上げた内容の多くは、筆者がこれまで、神田外語大学の異文化コミュニケーション研究所（異文研）主催の福島夏季セミナー、多文化関係学会、日本交渉学会、それにSIETAR Japanなど、筆者が所属する学会の大会や研究会で発表してきた研究資料が土台となっている。

本書を書き上げる上で、多文化関係学会、日本交渉学会、SIETAR Japan, 札幌国際センターとＪＩＣＡ（国際協力事業団）、それにＴＯＥＩＣ運営委員会には、研究発表やその他、異文化・多文化関係の仕事において大変お世話になった。記して謝意を表したい。

今回の新版は、筆者が前著『異文化にみる非言語コミュニケーション』の編集でお世話になった故奥寺純子さんに捧げたい。新版の出版にあたっては、「ゆまに書房」の故奥寺純子さんはじめ関係者各位、それに編集面では清水さんに大変お世話になった。ここに感謝の意を表したい。

二〇〇四年　立春

御手洗　昭治

参考文献

Argyle, M. & Ingham, R. *Gaze, mutual gaze and distance,*（Semiotica, I. 1972）.

Argyle, M. Bodily *Communication,*（Methen & Co. Ltd., 1988）.

Barna, LaRay M. "*Lecture notes on intercultural interpersonal communication*"（Portland State University, Portland Oregon 1973－1974）.

Birdwhistell. Ray L. *Kinesics and Context,*（Pennsylvania : University of Pennsylvania Pr., 1970）.

バーク、ケネス（森常治訳）『象徴と社会』（法政大学出版局、一九八九年）

ベイトソン、グレゴリー『精神の生態学　上・下』（思索社、一九八七年）

Chaundler, C. *Every Man's Book of Superstitions,*（Philosophical Library, Inc., 1970）.

Condon, John. *Semantics and Communication,*（London : MacMillan Pr. 1966）.

"Condon, John and Kurata, Keisuke. *What is Japanese about Japan?*"（Tokyo : ShufunoTomo, 1972）.

コンドン・J『人間行動の理解をめざして』（野本・野林監修「ことばとシンボル」、三省堂、一九九七年）

ドラッカー、ピーター・F（上田編訳）『仕事の哲学』（ダイヤモンド社、二〇〇三年）

Dunkan, S. *Nonverbal Communication,*（Psycholo. Bull., 22.; 1969, pp. 118－137）.

Ekman, P. & Friesen, W. V. *Facial Action Coding System*, (Cal : Consulting Psychologists Press., 1978).

Fast, J. *The Body Language*, (N. Y.: Robert P. Mills, Ltd., 1970).

Falk, Avner. *On the Psychology of Political Assassination*, (Jerusalem, Israel, 1998 an ISPP unofficial paper sent to Shoji Mitarai).

Fiske, John. *Introduction to Communication Studies*, (London & N. Y.: Loutledge 1982).

福原俊明・宮田他編集 *Randam House English-Japanese Dictionary 4 Volumes* (Shogakkan Pub., 1974).

藤田忠監修・日本交渉学会編『交渉ハンドブック』（東洋経済新報社、二〇〇三年）

フレデリック、H・H（武市英雄・小林登志生訳）『グローバル・コミュニケーション』（松柏社、一九九六年）

古田暁監修（石井・岡部・久米）『異文化コミュニケーション』（有斐閣、一九九六年）

ゴーン、カルロス『カルロス・ゴーン経営を語る』（日本経済新聞社、二〇〇四年）

Harris, Moran & Sripp. *Developing the Global Organization*, (Houston : Gulf Pub. 1993).

Hall, Edward. T. *Beyond Culture*, (Garden City, N.Y.: Doubleday & Co., 1976).

Hall, Edward. T. *The Hidden Dimension*, (N. Y.: Doubleday Co. Inc., 1966).

ホール、エドワード・T（日高・佐藤訳）『かくれた次元』（みすず書房、一九七〇年）

Hall, Edward. T. *The Silent Language*, (N. Y.: Doubleday Co. Inc., 1959).

ホール、エドワード・T『沈黙の言葉』（国弘・斎藤・長井訳）（南雲堂、一九六六年）
Hall, Edward. T. *The Dance of Life,*（N.Y.: ）Anchor Press., 1993).
ホール、エドワード・T『文化としての時間』（TBSブリタニカ、一九八三年）
Hayakawa, Samuel I. *Language & Culture,*（Tokyo : Nan-Undo, 1981).
林 吉郎『6眼モデル（Hループ）：人間と世界のモデル』、（青山国際政経論集、第五四号、二〇〇一年九月、一四九―一六八ページ）&『異文化インターフェイス』（日経出版、一九九四年）
イフラー、ジョージ（松原・朝永監修）『数の歴史』（平凡社、一九八八年）
池田理知子「家庭内コミュニケーションの考察に向けて――『家』、『家族』」、『日本社会とコミュニケーション』（三省堂、一―一一〇ページ）
石井敏『異文化コミュニケーション研究方法の体系化モデルの構築』（「異文化コミュニケーション研究第二号」神田外語大学異文化コミュニケーション研究所、一九八九年）
板場良久「全日本学生英語弁論大会優勝スピーチに見られる説得手法の特色―スピーチ教育への一提言」『一九九四～九五年日本コミュニケーション研究者会議プロシーディングス』六（一九九四～九五年、二八―四三頁）
金両基『能面のような日本人』（TBSブリタニカ、一九八一年）
クロフト、ドナルド&石井敏。Kloft, D. W. & Ishii, S. *Communication Without Words,*（Tokyo : Nan'un-Do, ／南雲堂 1981).
Knapp. M. L. *Nonverbal Communication in Human Interaction,*（N. Y.: Holt, Rinehart & Winston,

Inc., 1972).
木村　汎『遠い隣国』（世界思想社、二〇〇二年）＆『ソ連式交渉術』（講談社、一九八二年）
小林裕子『身振り言語の日英比較』（ＥＬＥＣ、一九七五年）
小林薫『ドラッカーとの対話：未来を読み切る力』（徳間書店、二〇〇一年）
小林薫・金谷良夫『アジア勤務で英会話に困らない本』（ＰＨＰ研究所、一九九五年）
久米昭元『決め方の文化摩擦』、「異文化コミュニケーション研究」（神田外語大学：異文化コミュニケーション研究所、第五号一九九三年三月）＆一九九七年）
倉田恵介『コミュニケーション学の確立に向けて――私的回想からの出発――』、「異文化コミュニケーション研究」（神田外語大学：異文化コミュニケーション研究所紀要、第一四号二〇〇二年三月、一九―三五ページ）
レゲット、Ｐ・トレーバー『紳士道と武士道』（サイマル出版一九七三年）
Lempereur, Peker Alain. *Negotiation & Mediation*, apaper presented at Japan Institute of Negotiation Convention '99 at Hotel Izu, Nov. 7, 1998.
Maslow, Abraham H. Toward a Psychology of Being, N. Y.: D. Van Nostrand Company, 1968).
マクルハーン、マーシャル（大前・後藤訳）「マクルハーン理論」（サイマル出版、一九八一年）
Mehrabian, Albert. *Silent Messages*,（CAL.: Wordsworth Pub. Co., 1981).
御手洗昭治『新国際人論：トランス・カルチュラル・ミディエーター時代への挑戦』（総合法令、一九九六年）

御手洗昭治『絶対の英語勉強法：グレート・コミュニケーターの実践英語』（中経出版、一九九七年）
御手洗昭治『グローバル・ネゴシエーション』（総合法令出版、二〇〇三年）
宮崎興二『プラトンと五重の塔』（人文書院、一九八七年）＆『なぜ夢殿は八角形か』（祥伝社、一九九四年）
Morris, Desmond. *Manwatching,*（N.Y.: Harry N. Abras, 1977）.
Morris, Desmond. *Intimate Behavior,*（N.Y.: Random House, 1977）.
Morris, Desmond. *Gestures,*（England : Jonathan Cape. Ltd. 1979）.
村松増美『貿易と関税：講演資料／異文化とのつきあいかた』（一九九七年一〇月）
野村雅一『ボディーランゲージを読む』（平凡社、一九八四年）
Napp, M. L. *Nonverbal Communication in Human Interaction,*（New York : Doubleday & Co., 1959）.
中谷巌『ボーダレス・エコノミー』（日本経済新聞、一九九五年）
大津・米田他『国際理解』（国土社、一九九七年）
Packard, Vanc. *Hidden Persuaders,*（N.Y.: David Makay Co., 1953）.
Reischauer, Edwin O. *The Japanese Today,*（Cambridge, MA. Belknap & Harvard, 1998）.
Reischauer, Edwin O. *The Meaning of Internationalization,*（Tokyo : Seibido Pub. 1989）.
Rischard J. F. High Noon,（N.Y.: Basic Books, 2002）.

Ruesch, Jurgen & Kees, Weldon. *Nonverbal Communication : Notes on the Visual Perception of Human Relations*, (Berkeley & UCLA, 1959).
Singelis, T. *Nonverbal Communication in Intercultural Interactions* in Brislin, R. W. & South China Morning Post. *Mystery Man Gives a Fortune for Lucky '7'* (January 22, 1989) & Lucly '7' to Go on Sale. (January 4, 1989).
シタラム、K・S（御堂岡潔訳『異文化間コミュニケーション』（東京創元社、一九八五年）
ストロース、レヴィ・C『構造・神話・労働』（みすず書房、一九七九年）
Stewart, Edward C. *American Cultural Patterns*, (Ill.: International Press. 1972).
スチューワート、エドワード・C（久米昭元訳）『アメリカ人の思考法』（創元社一九八二年）
諏訪春雄『日本人と遠近法』（築間書房、一九九七年）
末田清子「中国人が持つ面子の概念と日本人とのコミュニケーション」『年報社会学論集』六（一九九三年、一九一—二〇二頁）
田辺洋二『英語らしさと日本語らしさ』（グロビュウ社、一九八三年）
Zartman, william I (Edt.) multilateral & *International Negotiation*, (SF : Jossey-Basspub).
Thompson, C. J. S. *The Mystery and Lure of Perfume*, (Philadelphia : Lpct, 1927).
遠山淳『日本的コミュニケーションの元型』「異文化コミュニケーション研究」（神田外語大学　異文化コミュニケーション紀要、一九九四年、第七号、二五—四六ページ）.
東山安子『身振りの普遍的機能と文化機能』（パン・F・C、八代京子・秋山高二編「社会・人間とことば」（文化評論出版、一九八七年）＆「非言語コミュニケーション教育の理論と方法　講演資料」（神田外語大学「異文化コミュニケーション研究所夏季セミナー資料一九九七年」）
Training Programs, *Multicultural Aspects of Counseling Series 3*, (Sage, 1994).
碓氷尊監訳、熊谷聡・蟹江憲史訳『多国間交渉の理論と応用』（慶応義塾大学出版会、二〇〇〇年）
Von, Raffler-Engel. Walburga. *Aspectgs of Nonverval Communication*, (Swets and Zeitlinger, B. V. 1980).
Walton, D. *Are you communicating?* (N. Y.: McGraw-Hill, Inc. 1989).
Wasilewski, Jacqueline, *Global Multicultural Dialogue, a Practice That Enables Participatory Democracy*. a paper presented to Japan Institute Negotiation Conference, at Tokyo International University, Nov. 9, 2002).
White, Theodore H. *The Making of the President 1960*, (N. Y. Ahteneum, 1961).
Winds. *When in Rome* (Tokyo : Japan AL Magazine, May 1999).
Witworth, Kimsey-House & Sandahl, *Coactive Coaching : New Skills for Coaching People Toward Success in Work & Life*, (Palo Alto, Calif.: Davies-Black Pub. 2002).
八代京子・ハウデン・ジョン『*Study Abroad*』研究社、一九九三年）
安本美典『新しい人づきあいの心理学』（産能大出版、一九九八年）
吉田一彦『暗号戦争』（小学館、一九九八年）

山谷 賢量『島めぐり厳しいサヤ当て』「道新TODAY」（北海道新聞、一九九九年一一月号）

筆者紹介
御手洗　昭治（みたらい・しょうじ）

1949年兵庫県生まれ。

札幌大学外国語学部英語学科、米国ポートランド州立大卒（異文化コミュニケーション修士）。1981年オレゴン州立大学院博士課程卒（Ph. D. 取得）。両米国大学講師歴任。1992〜3年ハーバード大学に文部省研究プロジェクト客員研究員。ハーバード法律大学院にて、交渉学上級講座とミディエーション講座修了。

エドウィン O. ライシャワー（ハーバード大学名誉教授・元駐日米国大使）がハル夫人と来道の際、公式通訳として随行（1989年9月）。

現在、札幌大学教授、日本交渉学会副会長。多文化関係学会理事、文部科学省プログラム「スーパー・イングリッシュ・ランゲージ・ハイスクール」運営委員長（北海道）などを務める。

主な著書『新国際人論：トランス・カルチュラル・ミディエーター時代への挑戦』（総合法令出版）、『黒船以前：アメリカの対日政策はそこから始まった！』（第一書房）、『異文化にみる非言語コミュニケーション』（ゆまに書房）、『グローバル・ネゴシエーション』（総合法令出版）、Transcultural Education & Japanese and American Relations（Ann Arbor, UMI 1981）その他がある。

多文化共生時代のコミュニケーション力

2004年 4月 8日　初版第一刷発行

著者　御手洗　昭治
発行者　荒井秀夫
発行所　株式会社　ゆまに書房
東京都千代田区内神田2-7-6
郵便番号　101-0047
電話　03-5296-0491（代表）
振替　00140-6-63160
図版作成　リリーフ・システムズ
印刷・製本　株式会社三秀舎

ISBN4-8433-1165-0 C3080